纪念杨荫浏先生诞辰120周年图录

中国艺术研究院音乐研究所
中国艺术研究院艺术与文献馆
编

中国艺术研究院
基本科研业务费项目
项目编号：2020-2-5

文化艺术出版社
Culture and Art Publishing House

图书在版编目（CIP）数据

山高水长：纪念杨荫浏先生诞辰120周年图录 / 中国艺术研究院音乐研究所, 中国艺术研究院艺术与文献馆编. -- 北京：文化艺术出版社, 2020.12
ISBN 978-7-5039-7013-9

Ⅰ. ①山… Ⅱ. ①中… ②中… Ⅲ. ①杨荫浏（1899-1984）—纪念文集 Ⅳ. ①K825.76-53

中国版本图书馆CIP数据核字(2020)第228735号

山高水长

纪念杨荫浏先生诞辰 120 周年图录

编　　者　中国艺术研究院音乐研究所　中国艺术研究院艺术与文献馆
责任编辑　刘锐桢
责任校对　董　斌
书籍设计　赵　矗
出版发行　文化艺术出版社
地　　址　北京市东城区东四八条52号（100700）
网　　址　www.caaph.com
电子信箱　s@caaph.com
电　　话　（010）84057666（总编室）　84057667（办公室）
　　　　　84057696—84057699（发行部）
传　　真　（010）84057660（总编室）　84057670（办公室）
　　　　　84057690（发行部）
经　　销　新华书店
印　　刷　鑫艺佳利（天津）印刷有限公司
版　　次　2021年4月第1版
印　　次　2021年4月第1次印刷
开　　本　889毫米 × 1194毫米 1/16
印　　张　20.5
字　　数　20千字　图片300余幅
书　　号　ISBN 978-7-5039-7013-9
定　　价　298.00元

“山高水长——纪念杨荫浏先生诞辰120周年系列”（2册）

顾　问

田　青

主　编

李宏锋　赵海明

编　委

（依姓氏笔画为序）

毛景娴　冯卓慧　刘晓辉

李　冬　张亚昕　张春香

邵晓洁　饶　曦　施　艺

宫楚涵　都本玲　银卓玛

翟风俭

《山高水长——纪念杨荫浏先生诞辰120周年图录》

执行主编

邵晓洁

图片编辑

刘晓辉　张　涛

诗，言其志也；歌，咏其声也；舞，动其容也。三者本于心，然后乐器从之。

——选自《乐记》

Poetry expresses one's mind, singing beautifies one's voice, and dancing acts one's feature. All the three are based upon the heart and finally followed by instruments.

——杨荫浏译自《乐记》

序

从1840年开始，横亘在中国文化面前的所有困惑与难题其实只有一个，即解决好古今、中外、雅俗这“三大关系”或曰“三大矛盾”。100多年来，中国文化界几乎所有的争论与分歧、努力与实践，无出其外。至今，此难题仍在，且继续考验着我们。

120年前，杨荫浏先生出生在一个氤氲着书香乐韵的江南殷实之家，他似乎是为解决这“三大关系”而来的。他自幼既随阿炳这样的民间艺术家广泛、深入学习民族乐器和民间器乐，又跟外国传教士学习英文、钢琴和西洋作曲理论；他既继承了中国文人“左琴右书”的传统，成为昆曲“天韵社”的中坚，又在一生中始终关注着被社会轻视和菲薄的“俗乐”，他对江南十番、河北吹歌、西安鼓乐等乐种的研究以及对湖南民族民间音乐的普查，奠定了今天非物质文化遗产保护的基础；他不但打开了对中国道教音乐、佛教音乐的学术研究之门，而且在青年时代便开创了基督教音乐的华化之路，其主编的《普天颂赞》至今仍回荡在中国教堂的穹顶之下；他不但借助从民间音乐中学到的乐谱谱字使唯一可靠的宋代音乐——姜白石的17首歌曲重现，而且在中华民族危亡之际借曲填词，让岳飞的《满江红》唱遍大江南北，鼓舞了成千上万的热血青年；他不但以毕生的精力写作并不断完善其中国音乐学的奠基之作《中国古代音乐史稿》，而且始终提倡理论联系实际，甚至跑到乐器作坊用他的乐律学研究心得指导工人制作乐器；他不但精通经史子集，从古文典籍中淘沥出众多被世人忽略的音乐史料，而且他的第一本中国古代音乐史是用英文撰写，接通了古今中外。纵观杨先生的一生，我们可以认真、严肃、客观、自豪地说：杨荫浏，是在音乐领域打通古今、中外、雅俗的第一人！

今天，我们怀念杨先生，怀念那个值得我们永远怀念的群体——和杨先生一起开创了中国音乐学研究之路并为中国艺术研究院音乐研究所的建立与成长做出杰出贡献的老一辈学者们。我们要继承他们的精神，把他们开创的事业进行下去，为最终解决中国文化“三大关系”，建立一个通古达今、雅俗共赏，在海纳百川时不失根与魂，在面向未来时不忘来时路的中华音乐文化而奋斗！

田 青
2019 年 10 月 29 日

编辑说明

2019年是中国音乐学奠基人、中国艺术研究院音乐研究所第一任所长、著名音乐学家杨荫浏先生诞辰120周年，中国艺术研究院音乐研究所联合中国艺术研究院艺术与文献馆共同举办“杨荫浏先生诞辰120周年纪念展”，获得学界的广泛好评。在专家学者的建议和推动下，为能让学界更全面、深入地了解杨荫浏先生，音乐研究所和艺术与文献馆再次联合，编辑出版这本纪念图录。

这是一部杨荫浏人物影像志。杨荫浏先生是一名杰出的音乐学家，他饱含家国情怀，深情扎根于祖国的文化土壤，爬梳、探寻中国音乐历史发展的轨迹，挖掘、解析中国传统音乐文化的真谛。杨荫浏先生是一位高风峻节、气度不凡的文人，他有着高尚的学术品格，为学界久仰山斗，时望所归。杨荫浏先生还是一位和蔼可掬、和善可亲的人，他始终凝聚着音乐研究所这个温暖的大家庭。这部杨荫浏纪念图录一改仰之弥高的视角，选取更具亲和力的角度，以图像形式，力图白描出更为生动的“身边”的杨荫浏。纪念图录不但重现此次纪念展览的主体内容、设计效果和展陈现场，还从多侧面展现出一个更鲜活的杨荫浏。其中最多的文字来自杨荫浏先生中年时期撰写的小传，此次将小传手稿同时呈现，相信读者能够从中获取宝贵的历史信息，感受与众不同的时代精神。

需要特别提到的是，这部纪念图录是目前所知收录杨荫浏先生图像资料最多、最全的一部，其中部分杨荫浏先生个人相册中的珍贵照片、笔墨手稿以及相关重要图像为首次出版。这些宝贵资料，对于了解、研究杨荫浏先生都弥足珍贵。

见字如面，观图思人，谨以此图录表达我辈后学对杨荫浏先生深深的崇敬和纪念！

目录

杨荫浏（1899—1984）

杨荫浏出身书香门第，自幼天赋异禀，聪颖好学，兴趣甚广。无论是他所孜孜以求的音律知识、音乐技术，还是他的各种兴趣爱好，均师从于当时非常优秀的音乐家、民间艺人和资深中外专业人士。独一无二的学习经历，使他兼备常人难有的中国传统文化底蕴和西方文化积淀。

他多才多艺，除精于音律和多种乐器以外，还撰诗文，精英文，善书画，懂经济，识数理，喜摄影。他对待每一类知识和每一种技能的学习都如同自己的毕生事业一般。他勤勉刻苦，严谨缜密，对于文献阅读、文献整理、谱字抄录、弹奏练习等无不仔细，并以他独有的方式进行清晰的整理记录。

他长期浸润于中西文化中，艺术之感性体验和科学之理性思维交织与互补。他以开阔的胸襟和气度，以对中国传统音乐的挚爱、探究与追溯，一直在沟通古今中外音乐文化中发挥着无可替代的桥梁作用，成为音乐界通古今、达中外、融雅俗的第一人。

毫不夸张地说，他的学术贡献对当时的音乐学界产生了重要影响，并一直指引着中国音乐学的发展方向。他是一座灯塔、一支火炬，为中国音乐学的发展照亮了前途；他是一座丰碑，为中国音乐学学科的规范和发展奠基了重要基础。他被誉为中国音乐学的一代宗师，对中国音乐学的学术贡献至今无人企及。

一、『诒清堂』里走出的音乐家

“诒清堂”是杨荫浏无锡老宅大堂匾额上的三个大字，由李鸿章题写，取“清白传家”之意。这个书香世家的大堂里还挂有一副对联：“一脉九传均好学，七旬五世庆齐眉。”杨家祖祖辈辈都是读书人，杨荫浏也不例外。不仅如此，杨荫浏自幼痴迷于音乐，听到音乐就想学。他问学于古人，问学于民间艺人，问学于道教乐人，问学于民间音乐社团，问学于外国传教士，一生与音乐相伴，最终成为一名蜚声海内外的中国音乐学家。

楊蔭瀏小傳
Ernest Yin-Liu Yang

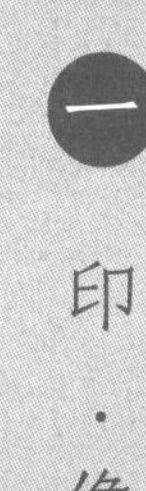
一
印·像

《杨荫浏小传》，杨荫浏手稿，20 世纪 50 年代初，30cm × 22cm

手稿内容详见第 8—9 页

友朋之非笑。又曾從美國人郝路義女士(Miss Louise Story
ammond)及范天祥教授(Prof. Bliss Wiant)私人學習過
洋作曲四年以上。

自幼興趣極廣，曾習國畫於同邑胡汀鷺，習書法於同邑
丕承，習詩詞於其父，習文史於其母舅錢基博，習攝影於費
德博士(Dr. Robert F. Fitch)；又曾為非斥古樂律家陰陽
行之說而習星命之術(Fortune Telling)，為把握字聲之運用
配曲之原理而自習填曲句配曲音。凡此種種，後均有助於其
國音樂之研究。其入經濟系，蓋出於其蔭溥之主張。顧經
非蔭溥之所喜；蔭溥習之一、二年，對經濟多生反感，以為凡
所習，大都國際資本主義者欺人之談，略有用處者，統計
tatistics)，會計(Accounting)兩門功課而已；以故在約翰
，第二年起，即多注意於高級數理及用器畫等選課；出校以
，不肯担任經濟學課程，曾拒絕接受銀行經理之位置。

所著有關中國音樂之書籍約二十餘種，近正預備逐一修改
版。前已出版者，有：

雅音集(A Treasury of Chinese Music)第一集
ol. I)——1924，

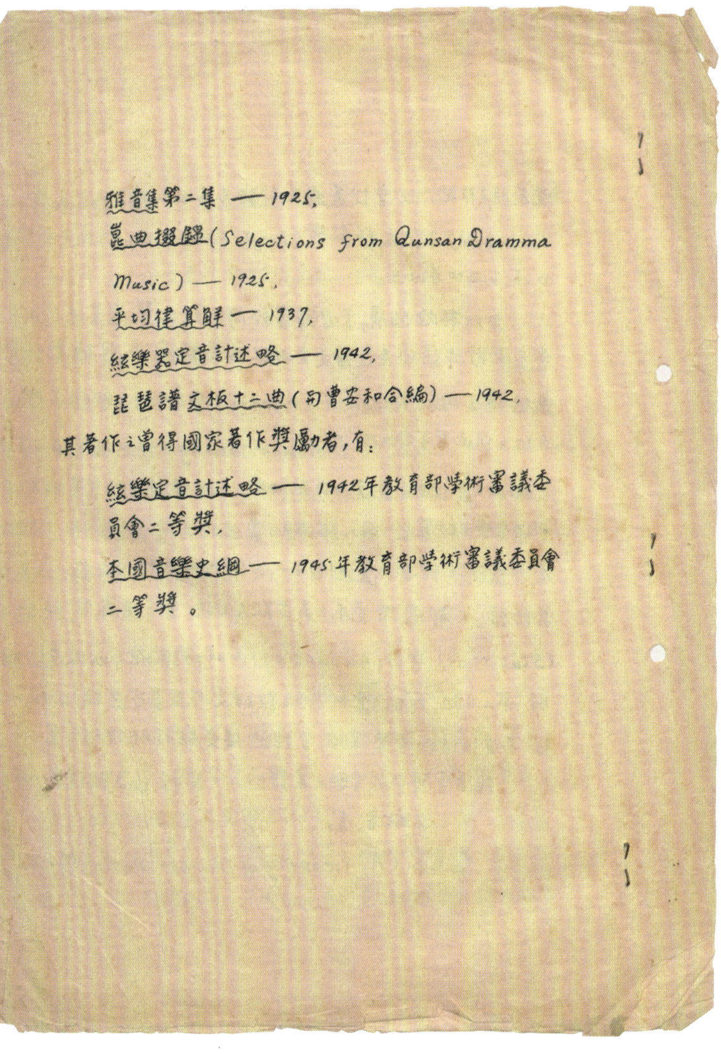
雅音集第二集——1925，
崑曲擷錄(Selections from Qunsan Dramma Music)——1925，
平均律算解——1937，
絃樂器定音計述略——1942，
琵琶譜文板十二曲(與曹安和合編)——1942，

其著作之曾得國家著作獎勵者，有：

絃樂定音計述略——1942年教育部學術審議委員會二等獎，
本國音樂史綱——1945年教育部學術審議委員會二等獎。

杨荫浏小传

杨荫浏（Ernest Yin-Liu Yang），江苏无锡（Wusih，Kiangsu）人，生（于）1899年。祖世居乡间；业农，六代前祖先，由耕读得科第，始迁入城中居住；自此以后，累代以教读游幕为业。父钟琳字珍甫（1868—1937）长史学，尤精诗赋音韵之学。兄荫溥（Stonelake Y.P. Yang）以经济学名于时，亦兼通中西音乐。

荫浏四岁识字，五岁入私塾读书；九岁《资治通鉴》及“六经”卒业，始学为经义、史论及五七言律诗，旁诵诸子百家之文、古乐府及唐宋诗词。十一岁入高等小学，十五岁卒业，又入私塾一年；十六岁入江苏省立第三师范学校，二十一岁卒业，为小学教师一年；又入无锡辅仁中学（St.John's Alumni School）习英文数理，一年卒业；1922（1923？）年入约翰大学（St. John's University）经济系;1925年参加五卅运动，签名脱离“约翰”，入光华大学（Kwang Hwa University）经济系；明年，以家贫辍学。自1926年春间起，凡为中学教师二年有半。1928（1927？）年受基督教圣公会之聘任赞美歌译述及曲调编写工作；1931（1930？）年接基督教六公会（Six Churches）之聘任联合圣歌委员会（The Union Hymnal Commttee）总干事（General Secretary）兼歌词及音乐编辑。1933（1931？）年兼入燕京大学（Yenching University）研究院选科，读海孟霍斯《音的感觉》（*Hemholtz: Sensation of Tone*）及康德《数理哲学》；1935年至1937年兼任哈物燕京学社（Harvard-Yeching Research Institute）音乐研究员（Fellow）；1938（1939？）年至1941年兼任教育部音乐教育委员会委员。1941年接国立音乐院之聘任教授及研究室主任;1944年至1948年兼任国立礼乐馆(National Institute of Ritual and Music）编纂（Supervising Editor）及乐典组主任（Director of Music Department）。解放后人民政府中央音乐学院成立，仍任教授；现任该学院研究部研究员（Fellow）兼民间音乐组（Department of Folk-Music）主任。

荫浏之音乐智识及音乐技术，均非从学校中求得。八岁起，初从道士

（Taoist Priests）学习中国乐器；十二岁至二十七岁从中国音乐名家吴畹卿（1847—1926）习音韵、昆曲与琵琶、三弦、箫、笛的乐器技术。又识多数中国音乐专家，交换学得七弦琴及各种合奏乐器技术。所读过之古代中国音乐、词曲及音韵专著不下千种，所收集及演奏过之中国古来曲调不下数千。在封建时代，常因从乞丐与卖唱者学习民间曲调，而受友朋之非笑。又曾从美国人郝路义女士（Miss Louise Story Hammond）及范天祥教授（Prof. Bliss Wiant）私人学习过西洋作曲四年以上。

自幼兴趣极广，曾习国画于同邑胡汀鹭，习书法于同邑黄丕承，习诗词于其父，习文史于其母舅钱基博，习摄影于费佩德博士（Dr. Robert F. Fitch）；又曾为非斥古乐律家阴阳五行之说而习星命之术（Fortune Telling），为把握字声之运用及配曲之原理而自习填曲与配曲音。凡此种种，后均有助于其中国音乐之研究。其入经济系，盖出于其荫溥之主张。顾经济非荫浏之所喜；荫浏习之一二年，对经济多生反感，以为凡其所习，大都国际资本主义者欺人之谈，略有用处者，统计（Statistics）、会计（Accounting）两门功课而已；以故在约翰时，第二年起，即多注意于高级数理及用器画等选课；出校以后，不肯担任经济学课程，曾拒绝接受银行经理之位置。

所著有关中国音乐之书籍二十余种，近正预备逐一修改出版。前已出版者，有：

《雅音集》（*A Treasury of Chinese Music*）第一集（vol.Ⅰ）——1924；

《雅音集》第二集——1925；

《昆曲撷锦》（*Selections from Qunsan Dramma Music*）——1925；

《平均律算解》——1937；

《弦乐器定音计述略》——1942；

琵琶谱《文板十二曲》（与曹安和合编）——1942。

其著作之曾得国家著作奖励者，有：

《弦乐器定音计述略》——1942年教育部学术审议委员会二等奖；

《本国音乐史纲》——1945年教育部学术审议委员会二等奖。

（以上文字根据杨荫浏手稿录入）

青年时期的杨荫浏

1936 年，杨荫浏在燕京大学工作时留影

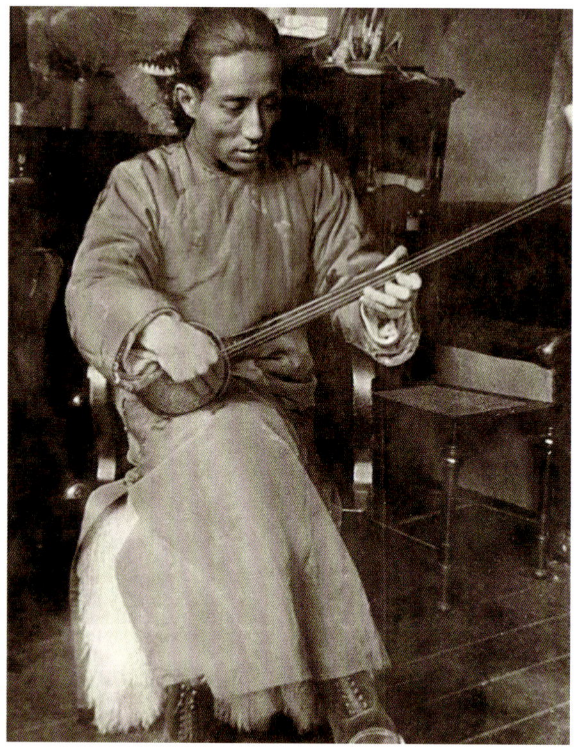

1937 年，杨荫浏在江苏无锡家中看书、练剑、演奏三弦

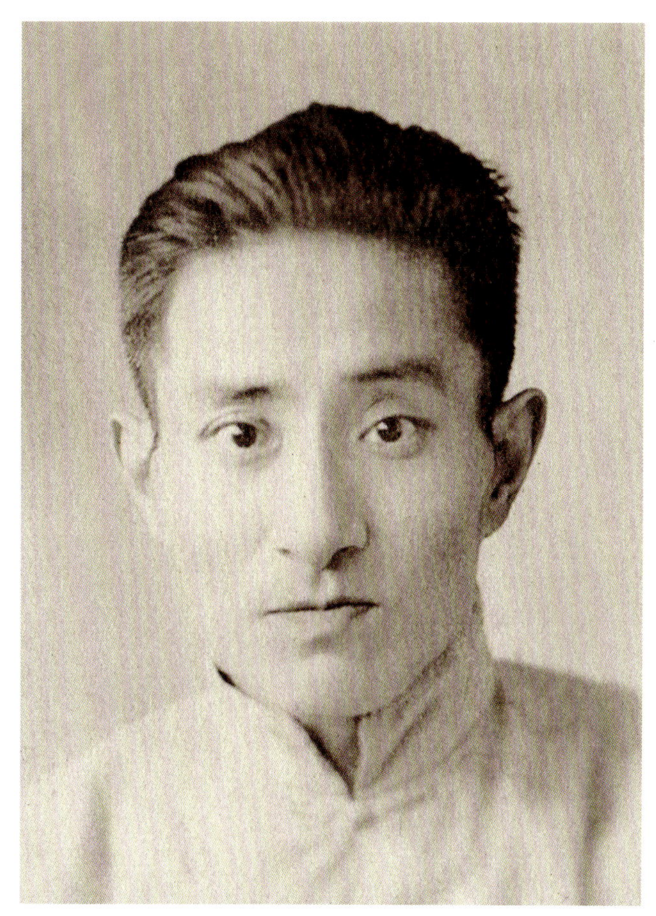

青年时期的杨荫浏

杨荫浏与家人合影

中年时期的杨荫浏

杨荫浏在重庆

1957 年 7 月，杨荫浏在苏联访问留影

中年时期的杨荫浏（上）

杨荫浏（右二）与子女在北京合影（下）

中年时期的杨荫浏

1961 年，杨荫浏研究宋代歌曲（上）

1963 年 5 月，杨荫浏在全国政协门前留影（下）

中年时期的杨荫浏（右）

中年时期的杨荫浏

20 世纪 70 年代的杨荫浏

20 世纪 70 年代的杨荫浏

1981 年前后，杨荫浏在家中

1981 年的杨荫浏

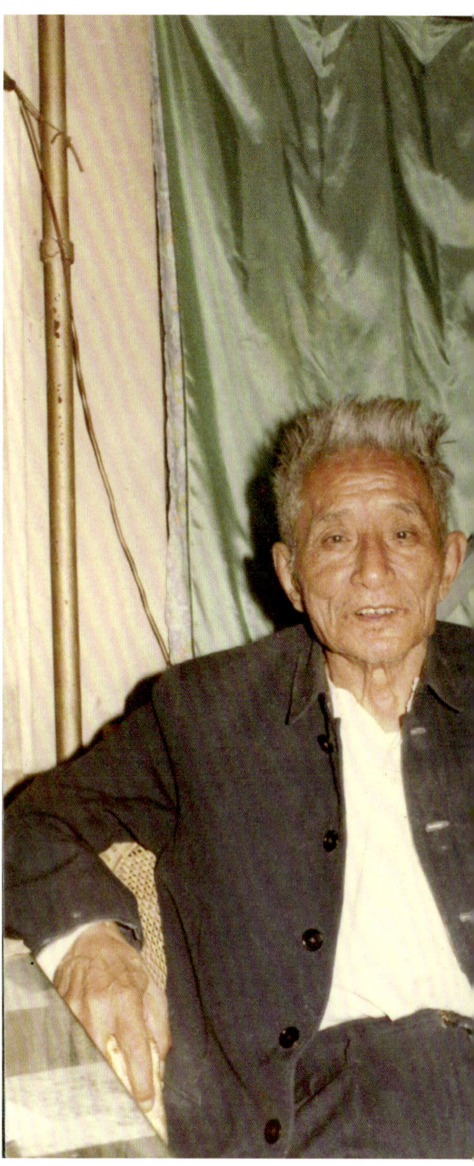

1981 年前后，杨荫浏在家中

老年时期的杨荫浏

1981 年 6 月 3 日，杨荫浏在家中

1982 年 6 月，杨荫浏在住宅前的花园中

1984 年 2 月 25 日，杨荫浏追悼会现场（上）

1984 年 2 月 25 日，杨荫浏追悼会上周巍峙致悼词（下）

1984 年 2 月 25 日，杨荫浏追悼会上贺敬之慰问杨荫浏家属

杨荫浏的骨灰

二 诗·书·画

私塾出身的杨荫浏，4岁时便能识字读书，幼时受到了浓厚的中国传统文化熏陶，其诗、其书、其画无不凸显出家学功力，散发着文人气韵。

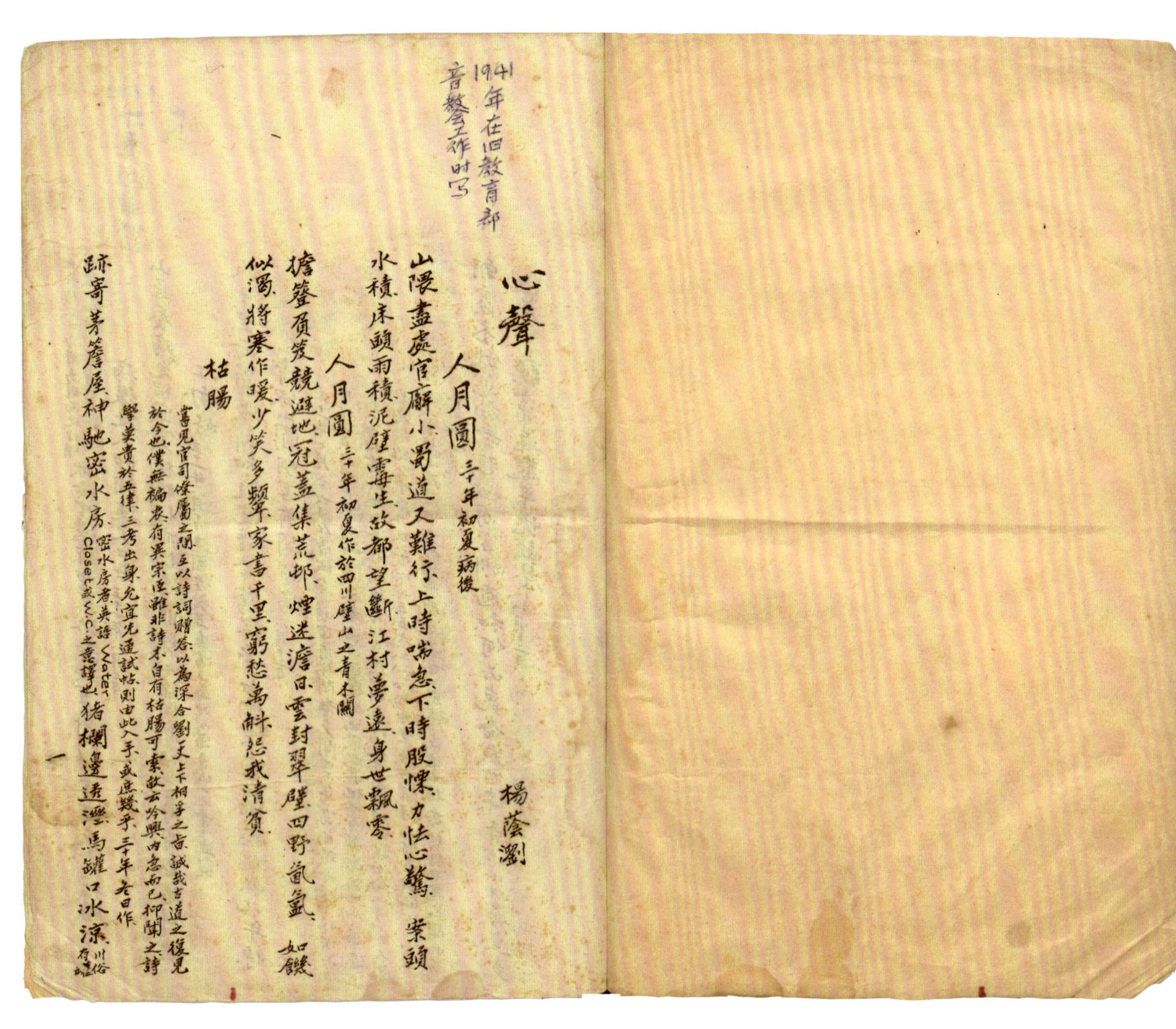

1941年在旧教育部音教会工作时写

心聲

楊蔭瀏

人月圓 三十年初夏病後

山隈盡處官廨小、蜀道又難行、上時喘急、下時股慄、力怯心驚、案頭水積、床頭雨積、泥壁霉生、故都望斷、江村夢遠、身世飄零

人月圓 三十年初夏作於四川璧山之青木關

擔簦負笈、競避地、冠蓋集荒邨、煙迷濘日、雲封翠壁、四野氤氳、如饑似渴、將寒作暖、少笑多顰、家書千里、窮愁萬斛、恕我清貧、

枯腸

嘗見官司僚屬之間互以詩詞贈答、以為深合劉文上下相孚之旨、誠哉吉道之復見於今也、僕無福衣、有異宗匠、雖非詩不自有枯腸可索、故云吟興而急而已、柳開之詩學莫貴於五律、三考出身允宜先通試帖、則由此入手、或庶幾乎、三十年冬日作

跡寄茅簷屋、神馳密水房、密水房者、英語Water Closet或W.C.之意譯也、猪欄邊透溼、馬罐口冰涼、川俗有

诗集《心声》，杨荫浏手稿，1941 年，27.5cm × 19cm

分深、未易連根掣、鑷箝帶手搡、膚頰凹復凸、徒怪指生酸、空嫌水不熱、忙慘應炊時、疏疏還屑屑、黠婢似厭煩、夫人眉挽結、想盡百千方、終於未光潔、小婢稟夫人、舊事記之牢、曾見鄰家媼、火灼豬蹄毛、夫人納婢言、不再多推諉、命婢捲火紙、持向唇間燒、吱吱又唧唧、棘刺登時焦、鬚垢刀頭刮、鬚灰牙刷掃、濯濯現牛山、不留些須草、滌之以清泉、塗之以香皂、素巾方離面、翩翩已年少、小婢呼先生、夫人嫣然笑、隆哉一吻作酬勞、幸哉、者番受寵、想必魂顛倒、

三十五年六月九日上午寫於青木關　次公

中呂醉高歌

師竹鬚長之應得三四分、而又應只三四分、衆論已無異議、值其四十六歲之誕辰、伊婿吳柏齡君、翦紅紙成大壽字、以飾其壁、余既應命、書四序建初諧泰律三分到盡便青春一聯、以祝禱之矣、或復據壽字之書體拆字以上述其蘇四區區方寸、色半着春、有人如玉、左右同心、比喜兆也、及開壽席、師竹出其大戰以前苦心存貯之稀有西洋無色上品火油、盛之以大戰期中陪都新出綫奇方物、通明琉璃之盞、隔座觀之、虛如無物、頗以此傲其村侶、謂所點乃係空氣、客更有以壽頭二字頌師竹者、因填醉高歌曲以增其壽、凡所云云、蓋紀實也

鬚長還只三分、春色不離方寸、空氣點燈全無準、知否壽頭混沌、

中華民國三十五年二月三日、歲在丙戌、當夏曆正月初二日、華筵客散、初更人靜之時作於四川璧山青木關關口　小花小味小黃之主人梁溪次公

浪淘沙

三數碩皮同事、頗有笑余烤火燒破棉鞋、而復穿之以過舊歷新年之意、共謀為詩相嘲、知非夫子自道、不足以塞悠悠之口、而解喋喋之圍、故填此詞、

趁熱慣搶先、穩踏爐邊、霎時足下裊青煙、水盞茶壺翻倒急、動地驚天、
踯躅過新年、欲斷還聯、雨行舞絮帶絲牽、髣髴飛雲隨步起、然是神仙、

三十五年二月四日午后作於青木關　次公

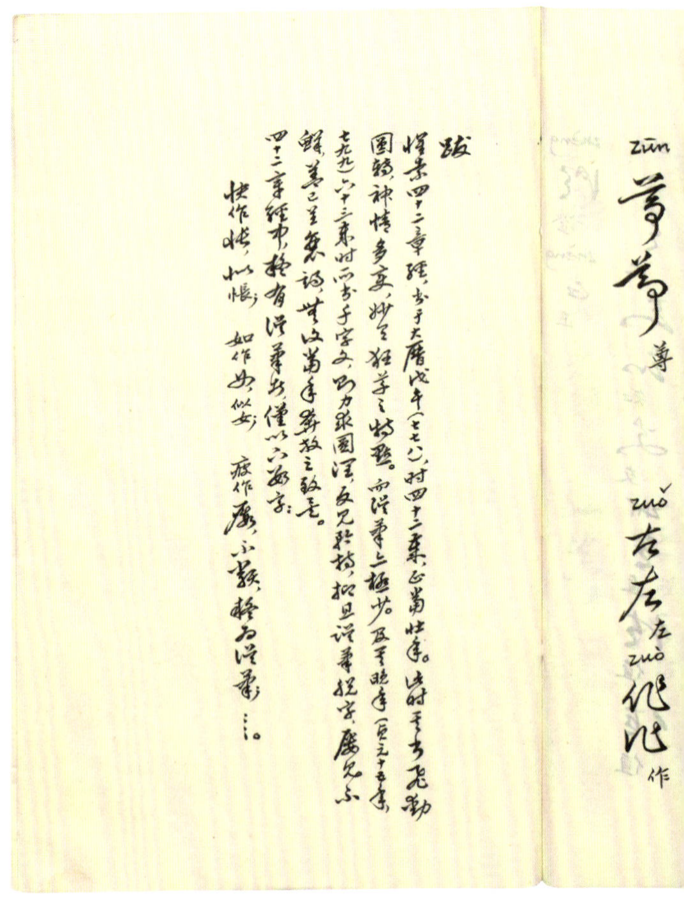

《唐怀素四十二章经及苦笋帖草书索引》封面及内页（部分），杨荫浏手稿，32cm × 22cm

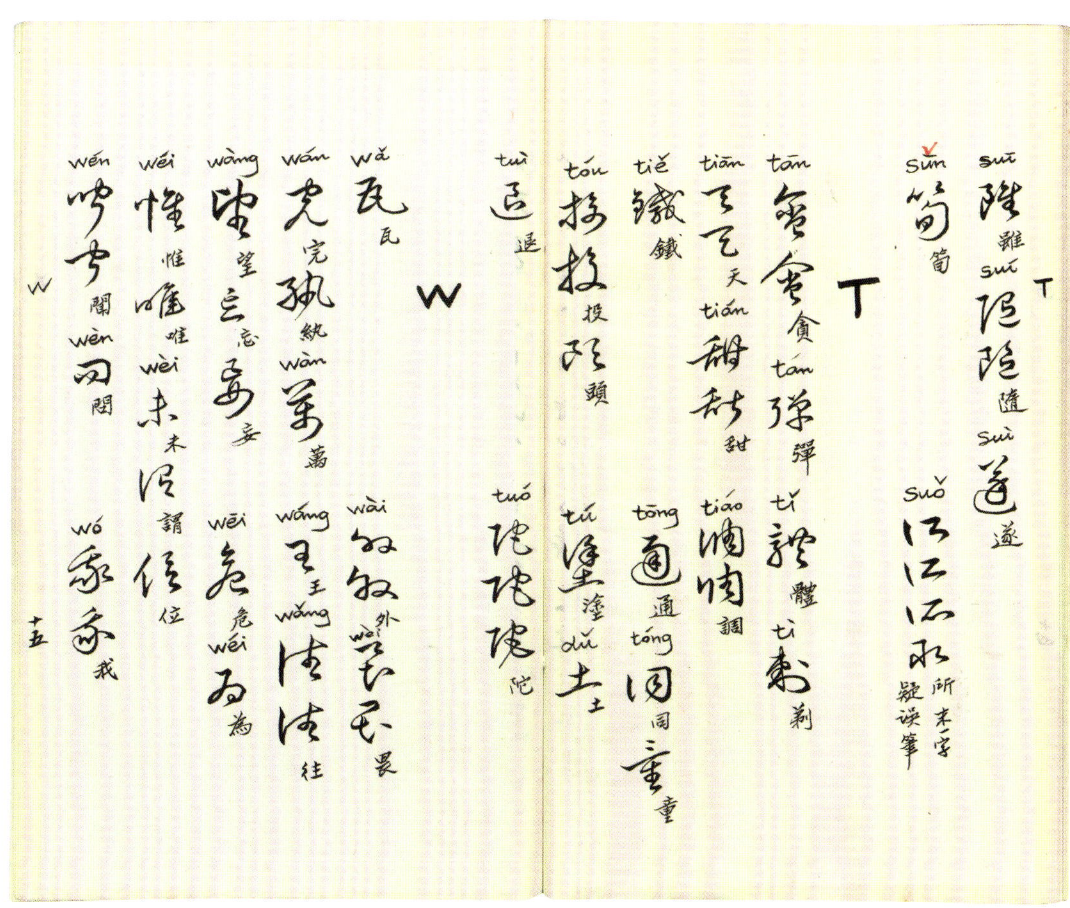

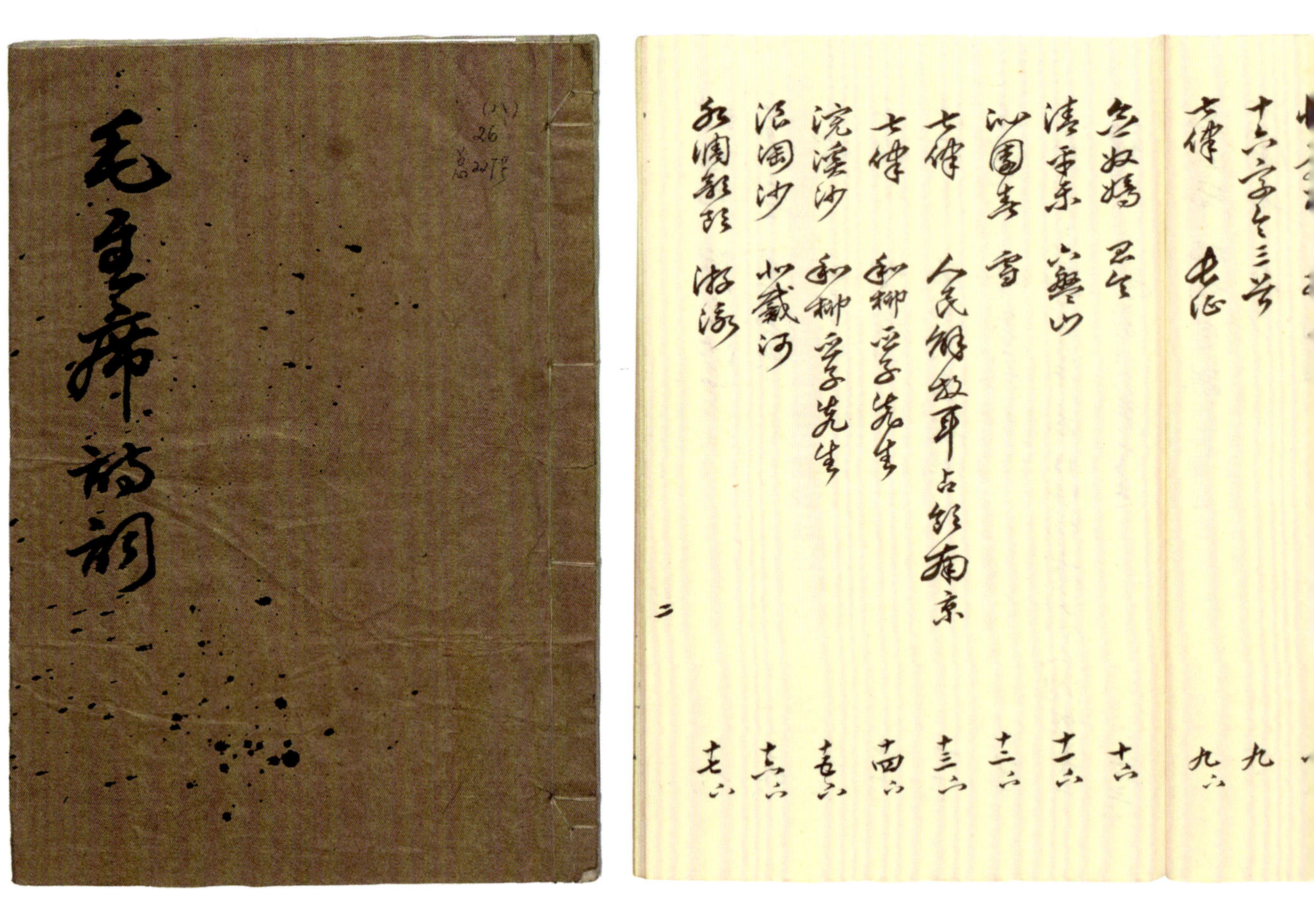

《毛主席诗词》封面及内页（部分），杨荫浏抄录手稿，35cm × 23cm

浣溪沙 和柳亚子先生 一九五〇年十月

一九五〇年国庆观剧柳亚子先生即席赋浣溪沙因步其韵奉和

长夜难明赤县天百年魔怪舞翩跹人民五亿不团圆 一唱雄鸡天下白万方乐奏有于阗诗人兴会更无前

附柳亚子原词

十月三日之夕於怀仁堂观西南各民族文工团新疆文工团吉林省延边文工团内蒙文工团联合演出歌舞晚会毛主席命填是阕用纪大团结之盛况云尔

火树银花不夜天弟兄姊妹舞翩跹歌声唱彻月儿圆（新疆哈萨克族民歌有"圆月"一歌云） 不是一人能领导那容百族共骈阗良宵盛会喜空前

四川北碚礼乐馆宿舍及题记，杨荫浏手稿，1946 年 5 月 28 日，31cm ×152cm

题记内容

大战期间客重庆北碚，居国立礼乐馆之宿舍，宿舍为楼房，楼上之左为宪益之家，右为仲子所居，中则余室在焉，三人均同姓，故友人等戏以三羊贰泰名是楼。楼前长廊宽丈许，围以朱栏，凭栏前望遥及市区；楼后开窗远收清景，将离北碚之前夕，前后眺瞩，不觉生依依之感，爰作小图二幅以志其景物于万一。前图由中山文化教育馆之厨房，而国立礼乐馆屋后之下室，而儿童福利所大礼堂，平时音乐、电影、演奏之地，遥想马路经市区而直达江边，其间书肆、画铺、茶楼、菜馆、商店、公园纷然布列，均吾人足迹之所常临。图左有水田、丛树、村舍衔接点缀群山之间，中有吾人来往之捷径，后图小路纵横，越马路有径通邮局而直达市区之左，中径通国立编译馆而直达农民银行，更左老舍（舒庆春）、老向（王焕斗）、萧氏伯青（萧伯青）与亦五（余亦五）之居，往日游宴聚护之所，惜为视域所不及。夫厌近而念远者，人之常情，今日念念家乡，乃觉四川之山水景物，几乎百无一是，异日三吴重到，触目洋场，又安知不梦游旧地，神驰于崎岖蜀道之间乎。

杨荫浏

民国三十五年五月二十八日志于此（北）碚

大戰期間寓重慶北碚，居國立禮樂館館
宿舍。舍為樓房，樓上之左為憲承之家，右
為仲子所居，中則余室在焉。三人均同姓，
故友人每戲以三羊開泰名是樓。樓之前
長廊寬丈許，圍以硃欄，憑欄前望，遠
及市區樓宇窗戶，收清景以雅。
北碚之前夕，前後眺矚，不覺生依依之
感。爰作小圖二幅，以誌其景物于萬一。前
圖由中山文化教育館之廚房西國立
禮樂館屋後之下室而兒童福利所、大禮
堂乎村音樂電影演奏之地，還於
馬路，經市區而直達江邊。其間右
肆畫鋪茶樓菜館商店公園雜生
佈列，均吾人足跡之所常臨。圖左為
水田叢樹村舍街橋，點綴群山
之間，中為吾人來往之捷徑，後為小
路縱橫，越馬路，經過郵局而直達
市區，左中經過國立編譯館而直
達楚氏銀行。更左老舍、老向、蕭
伯青與余之居，往日游宴歡談之
所，惜為視域所不及。夫厭近而念遠，
故人之常情。今日念念家鄉，乃覺四
川之山水景物，集乎百無一是矣。自三
吳重到猶同洋場，又安知不夢
遊舊地，神馳于崎嶇蜀道之間
乎。民國三十五年五月廿八日誌于
北碚

楊蔭瀏

天韻社紀事詩六絕

流風餘韻溯天崇，（天韻社舊名曲局，創於明天啟、崇禎年間。）下逮吾宗一脈同。（先曾叔祖琴岐公通音律，亦當時曲友。）二百年來絃誦地，慘遭兵燹是咸豐。（吾家在竹居，位於臧巷，為當時曲友絃歌之所，咸豐年間，燬於兵燹。）

局分南北是同光，（同治、光緒間，度曲者眾，分設南北二局，當與三絃、鼓板名手極多，兩處同日會唱和，奏無虛歇矣。）韻事流傳遍邑鄉。（東亭、八士橋、安鎮、石塘灣等，均有城中曲友所分設之曲局。）畫舫蓉湖秋月夜，清歌一曲斷人腸。（從父梅軒公軼事。梅軒公亦當時曲友。）

陸李蔣徐先後逝，（徐蘋香擅音韻曲學，蔣暘谷擅三絃，均為晚老輩師。陸振聲擅南曲鼓板，鼓闌躲行，以清疏幽雅勝；李西先生以名擅北曲鼓板，鼓闌滿行，以奔放激越勝。）靈光魯殿特吳公。（吳畹卿，名曾祺，生道光二十七年丁未（一八四七），卒民國十五年丙寅（一九二六）。公集先輩之大成，於音韻曲學、三絃、琵琶、笙笛靡不精絕。壽八十有一。）

名園卜築三間屋，（民國初年，在公園東首池畔，營建坐北朝南平屋三間，以竹籬環之，為天韻社址。後西園落成興建，乃將原屋移建園路之北，由社友集資，拓為三間，坐南向北，即現有社址也。）天韻師承海內同。（前北京大學講曲教師趙子敬，乃社長吳畹老曲韻弟子。北上前，曾來吾邑學習曲韻半年。其出字、收韻，一宗天韻社成規。）

聲聲鼙鼓咽悲笳，苦雨淒風到萬家。瓦釜黃鍾難識別，為誰三弄落梅花？（抗戰軍興，社友或避地西南，堅持驅敵；或留本鄉，杜門謝客，不談歌曲十年之久。高風勁節，良足多者。）

廣陵既散十年過，舊業重新感慨多。累代相承傳與習，聲宏唯賴律同和。

樂李云亡誰啟後？（樂述先、李靜軒。）共推范叔主齊盟。（范鳴琴，年七十二，曲學師畹老；鼓板師吳子方、張敏齋，兼收南北曲二家之長。）滿園桃李花爭發，剝復相乘仗老成。

時民國三十七年二月也。天寒歲暮，咳嗽大作，久不成寐。念天韻社恢復有期，撫今追昔，系之以詩。曹同文時年七十有一。

一九六二年十二月八日楊蔭瀏書

《天韵社纪事诗六绝》（曹同文作于 1948 年 2 月），杨荫浏手稿，1962 年 12 月 8 日

首

唐人大曲譜一卷（影片二十二葉）原藏甘肅敦煌縣之千佛洞一九〇七年法國伯希和教授（Prof. P. Pelliot）考古西陲從敦煌將去今存巴黎之國家圖書館（Bibliothèque Nationale）抄本部研究唐代大曲向來只憑文字今有此譜則其在音樂上之構造亦不無線索可尋矣原照片達從巴黎攝來今假予楊蔭瀏先生轉攝數份藉廣流傳並便研究用識數言 二十九年十二月三日向達記于昆明靛花巷三號國立北京大學文科研究所

《唐人大曲谱》序，杨荫浏手稿

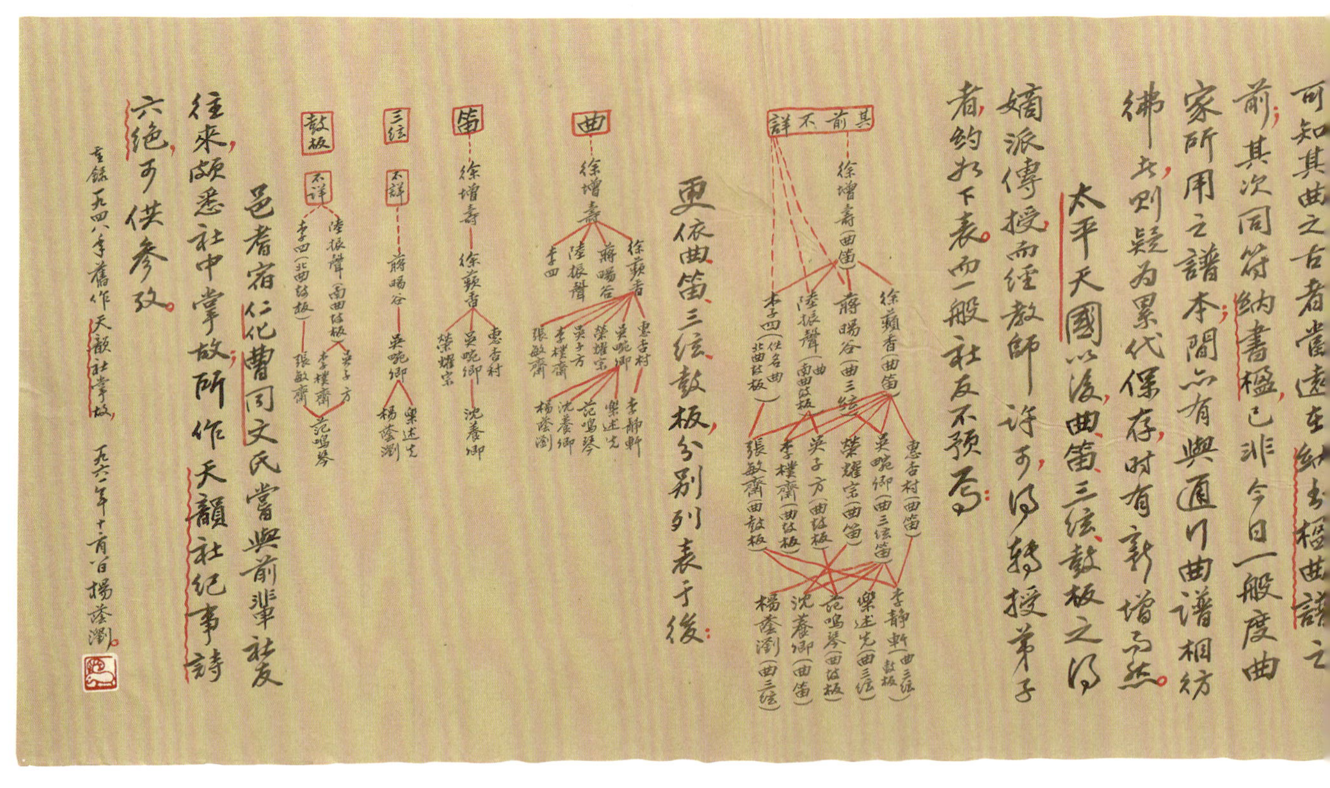
可知其曲之古者當遠在納書楹曲譜之前；其次同符納書楹已非今日一般度曲家所用之譜本，間亦有與遏雲閣曲譜相彷彿者，則疑為累代保存時有新增而然。

太平天國以後曲笛三弦鼓板之得嫡派傳授而經教師一許可得轉授弟子者，約如下表，而一般社友不預焉。

更依曲笛三絃鼓板分別列表于後：

邑耆宿仁化曹同文氏嘗與前輩諸友往來，頗悉社中掌故，所作天韻社紀事詩六絕，可供參攷。

重錄一九四八年舊作天韻社掌故，一九六一年十二月八日楊蔭瀏

《天韵社掌故》，杨荫浏手稿，1961 年 12 月 8 日，34cm × 130cm

天韻社掌故

無錫之天韻社，為歷史悠久之崑曲社。相傳成立於明末，迄今已近三百年。初統稱為『曲局』。至民國初年，邑人為保存地方文獻計，於公園內指定地點，俾為社址。函牘往來，或以『天韻』稱之；曹銓氏更贈以隸書扁額。於是乎社名乃不定而自定。

社友所研求，以崑曲為主。凡度曲、伴奏、音韻、填詞、譜曲，靡不乏人窺其堂奧。間亦旁及古琴、琵琶、與鑼鼓、絲竹等樂藝。

天韻社之於崑曲，僅傳歌唱，而不及道白做工，蓋以清曲獨成一家者也。於曲韻異常嚴格；傳抄曲譜，歌句均用硃色逐字標誌韻部四聲；依韻部定收音，依四聲定抑揚頓挫、豁疊斷連之勢，不容絲毫苟且。伴奏樂器，以笛與鼓板、三絃為主；三者各自有其淵源；點鼓之節奏，三絃之彈腔，例不能有一擊一音之舛誤；均必由社友之得其傳者任之。一器之傳習，往往需時數十年之久，以故兼精數器者，

光·影

《猫》，杨荫浏摄

《兰》，杨荫浏摄于 1958 年

1957 年 7 月，杨荫浏访问苏联莫斯科参加“第六届世界青年联欢节”期间为喻宜萱拍摄的照片

1957 年 7 月，杨荫浏访问苏联莫斯科参加“第六届世界青年联欢节”期间为戴爱莲拍摄的照片

1962 年 4 月 17 日，杨荫浏在第三届全国政协第三次会议期间为艺术界代表拍摄的照片

（前排左起：喻宜萱、未详、阿依莫尼沙；后排左起：张瑞芳、林默予、刘淑芳）

1977 型改良古筝，杨荫浏摄

20 世纪 50 年代，杨荫浏洗印照片后进行剪切

四 博通中外

无法复制的学习经历和师承关系，广博精深的学科知识，不但使杨荫浏积淀了深厚的国学与西学底蕴，还使他能够将艺术的感性思维与科学的理性思维融入自己的学术研究中，获得通古今、达中外的学术自由。

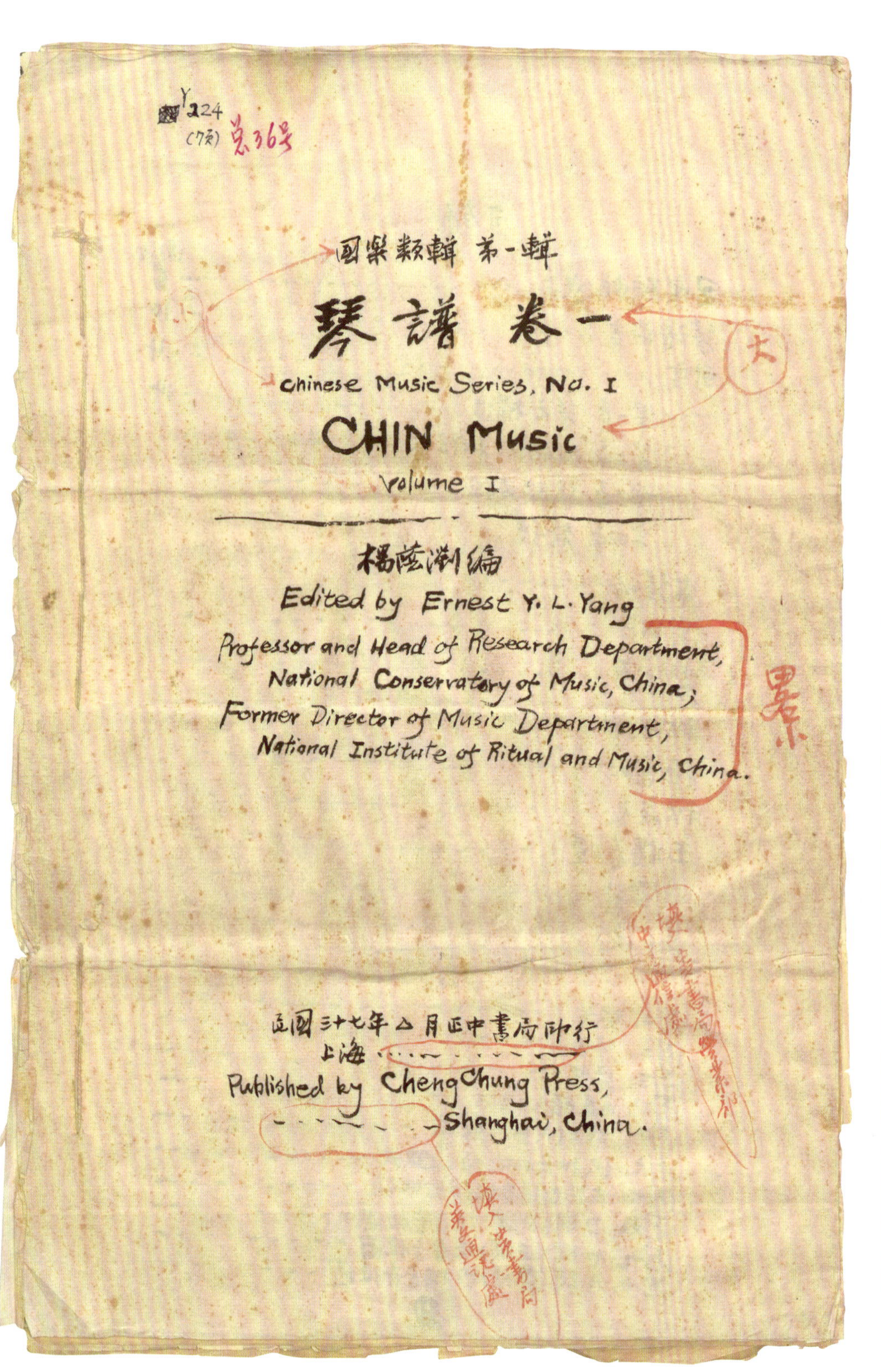

《国乐类辑 · 琴谱 · 卷一》（中英文）封面及内页（部分），杨荫浏手稿，1948 年，33.2cm × 22cm

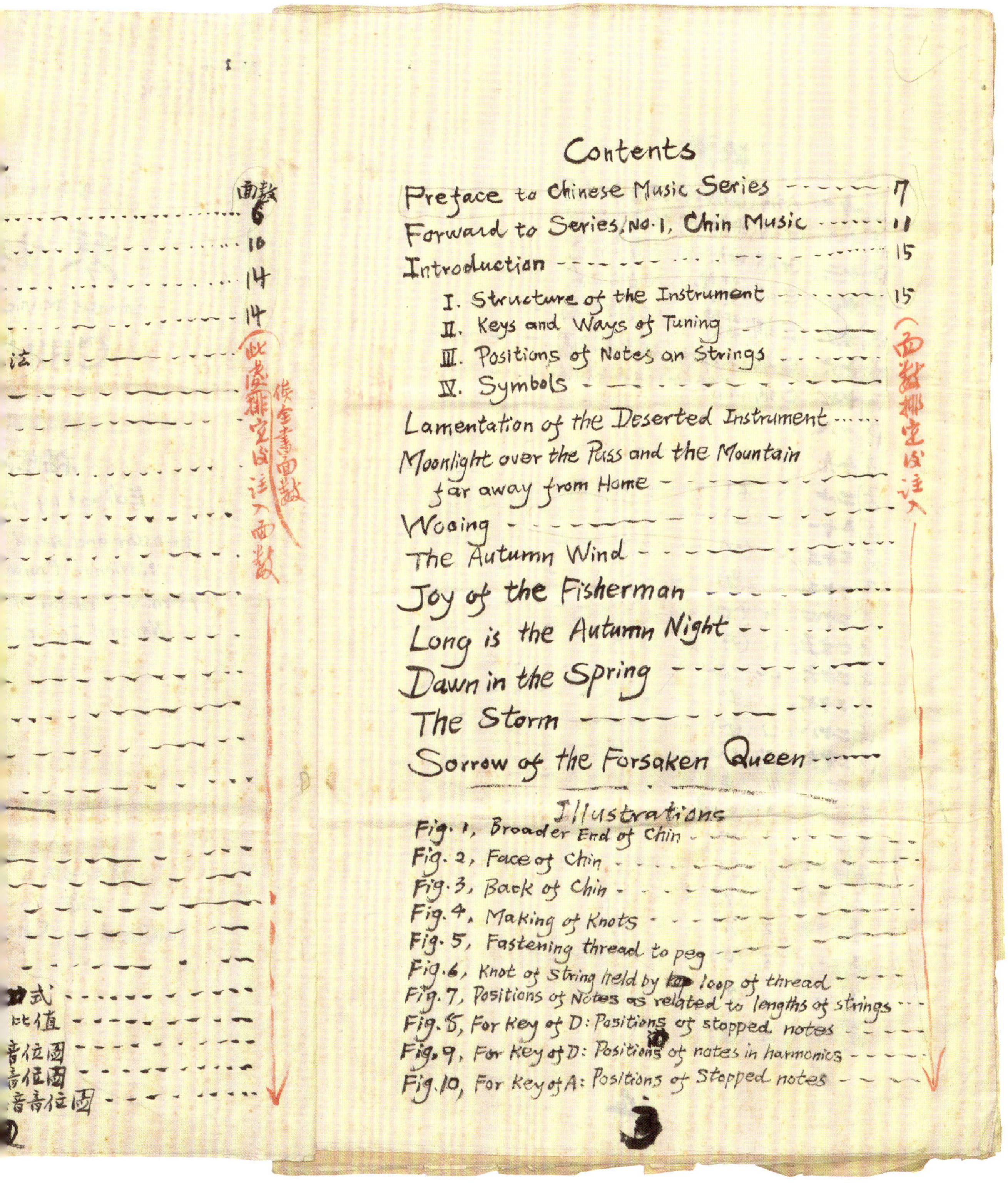

面數
6
10
14
14
法
（此處要排定後注入面數
俟全書面數
式
比值
音位圖
音位圖
音音位圖

Contents

（面數排定後注入

Illustrations

3

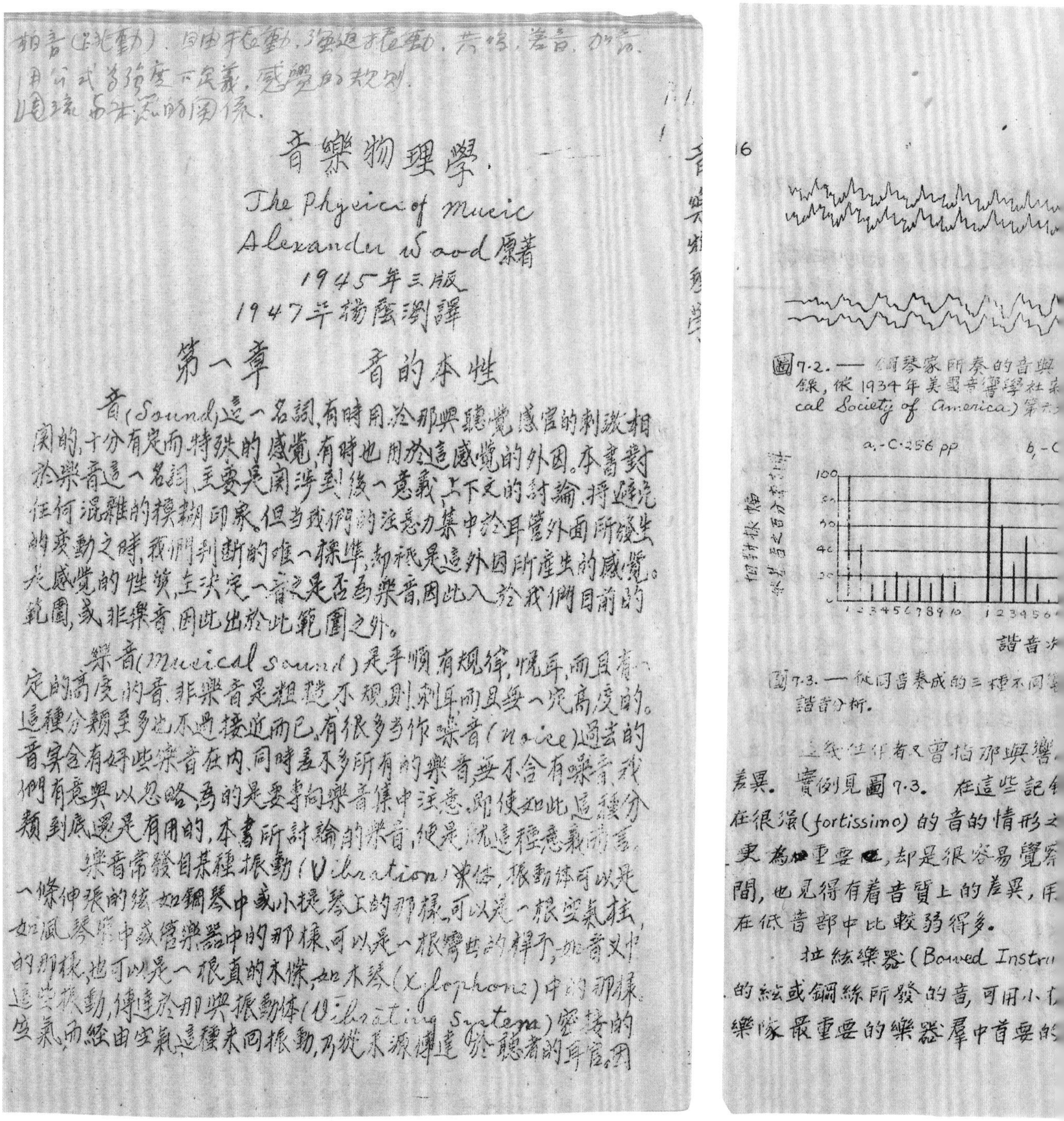

相音(?振動)，自由振動，強迫振動，共鳴，差音，加音。
用公式為強度下定義，感覺的規則。
頻率與音高的關係。

音樂物理學

The Physics of Music

Alexander Wood 原著

1945年三版

1947年楊蔭瀏譯

第一章　音的本性

音(Sound)這一名詞，有時用於那與聽覺感官的刺激相關的，十分有定而特殊的感覺，有時也用於這感覺的外因。本書對於樂音這一名詞，主要是關涉到後一意義，下文的討論，將避免任何混雜的模糊印象。但當我們的注意力集中於耳管外面所發生的變動之時，我們判斷的唯一標準，卻祇是這外因所產生的感覺。其感覺的性質，才決定一音之是否為樂音，因此入於我們目前的範圍，或非樂音，因此出於此範圍之外。

樂音(Musical sound)是平順有規律，悅耳，而且有一定的高度的音。非樂音是粗糙不規則刺耳而且無一定高度的。這種分類至多也不過接近而已。有很多當作噪音(Noise)過去的音實含有好些樂音在內，同時差不多所有的樂音無不含有噪音。我們有意與以忽略，為的是要專向樂音集中注意。即使如此，這種分類到底還是有用的，本書所討論的樂音，絕是就這種意義講。

樂音常發自某種振動(Vibration)物体，振動体可以是一條伸張的弦，如鋼琴中或小提琴上的那樣，可以是一根空氣柱，如風琴管中或管樂器中的那樣，可以是一根彎些的桿子，如音叉中的那樣，也可以是一根直的木條，如木琴(Xylophone)中的那樣。這些振動，傳達於那與振動体(Vibrating System)密接的空氣，而經由空氣這種來回振動，乃從來源傳達於聽者的耳管，因

16

圖7.2.——鋼琴家所奏的音與
錄，依1934年美國音響學社
cal Society of America)第六

a.-C·256 pp　b.-C

諧音次

圖7.3.——一個同音奏成的三種不同
諧音分析。

差異。實例見圖7.3. 在這些記
在很强(fortissimo)的音的情形之
更為重要，却是很容易覺察
間，也見得有着音質上的差異，
在低音部中比較弱得多。

拉絃樂器(Bowed Instru
的絃或鋼絲所發的音，可用小
樂隊最重要的樂器羣中首要的

《音乐物理学》（杨荫浏译）内页（部分），杨荫浏手稿，1947 年，25.5cm × 18cm

發的音的記
of the Acousti-
影繪成.

256 ff

78910

ve-forms) 的

極大的音質
量的精密,但
分音的比較
與高音部之
波擊時基音

弓拉一條伸長
. 小提琴是
小提琴而同

是絃與裂縫交义之點. 若絃身被拉而振動,則點在縫間上下移動,若向縫間攝取,則我們便能看到振動的精密形式. 所得圖形見圖7.4. 它所包含,是多對的直線. 這

圖7.4. —— 拉絃的振動曲線,表示與拉弓同向的位移的一種有定速度,和與拉弓反向的滑退(slip-back)的另一種有定速度.

暗示這點起初是對着一個方向,取着一種均勻速度(即弓的速度)而運動,然後又取着一種均勻的,但通常是另一不同的速度,對相反的方向滑過拉弓. 絃當被移時之確隨拉弓運動而且無絲毫滑退,那在同一軟片上將拉弓的動態一並攝入,即可證明. 兩線的斜度是與速度成比例,而且依觀察所得的點而定. 若此點在正中,則二線的斜度相同,而絃上的點係取着一種[illegible]速度向前運動,接着停下,反向,然後取着同一速度回[illegible]. 若此點不在正中,則兩個速度所互成的比例,與由觀察點所分成之兩段絃長的比例相等. 圖7.5是海孟霍斯所作,絃的運動,從此圖也許更能清楚看出. 最高

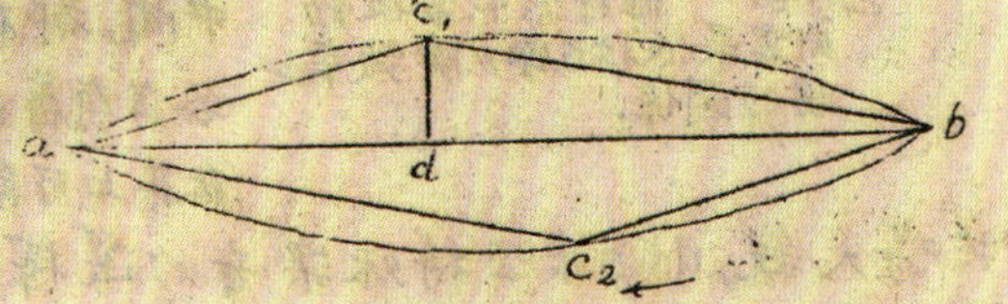

圖7.5. —— 若由d點所引垂線之端環繞ac_1b,與bc_2a兩弧運動時,d點取有定速度在ab平線上來回運動,拉絃所取的諸連續形式見此圖.

點的縱坐標(ordinate)的足d,取着一種有定的速度,沿着ab水平線來回運動,同時絃的最高點依次畫成ac_1b與bc_2a

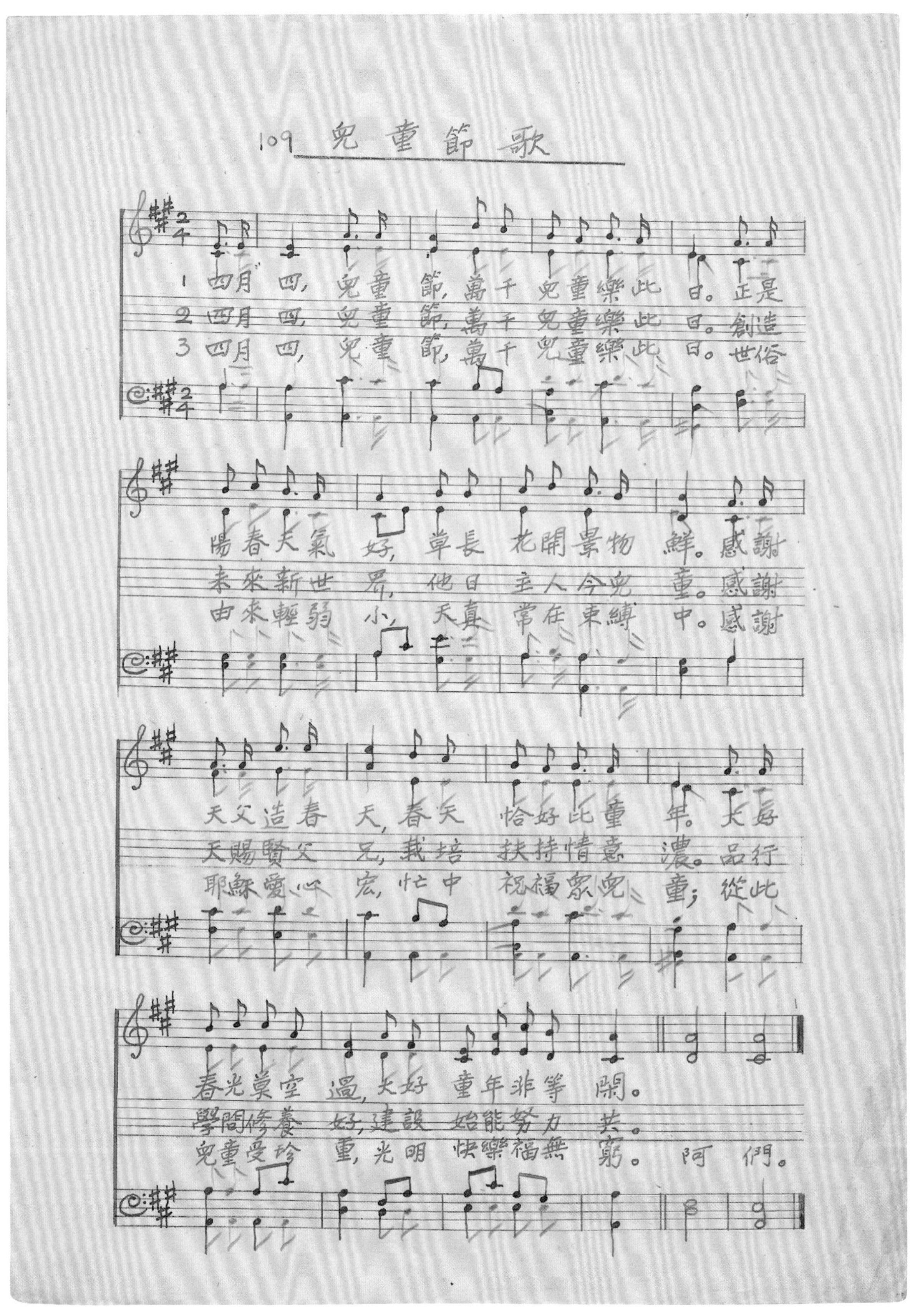

《普天颂赞》内页（部分），杨荫浏手稿，28cm × 20cm

愛的生活歌
1. 聖經明說神是愛，
2. 父母滿懷純潔愛，
3. 愛人如己要忍耐，
耶穌救主愛兒輩，
保抱扶持勤教誨；
見義勇為不後退。
按手祝福抱懷中，
如手如足親兄弟，
盡心盡心愛神人，
蒙主恩慈多自在。
相愛相親好姊妹。
光榮冠冕終能戴。（阿們。）

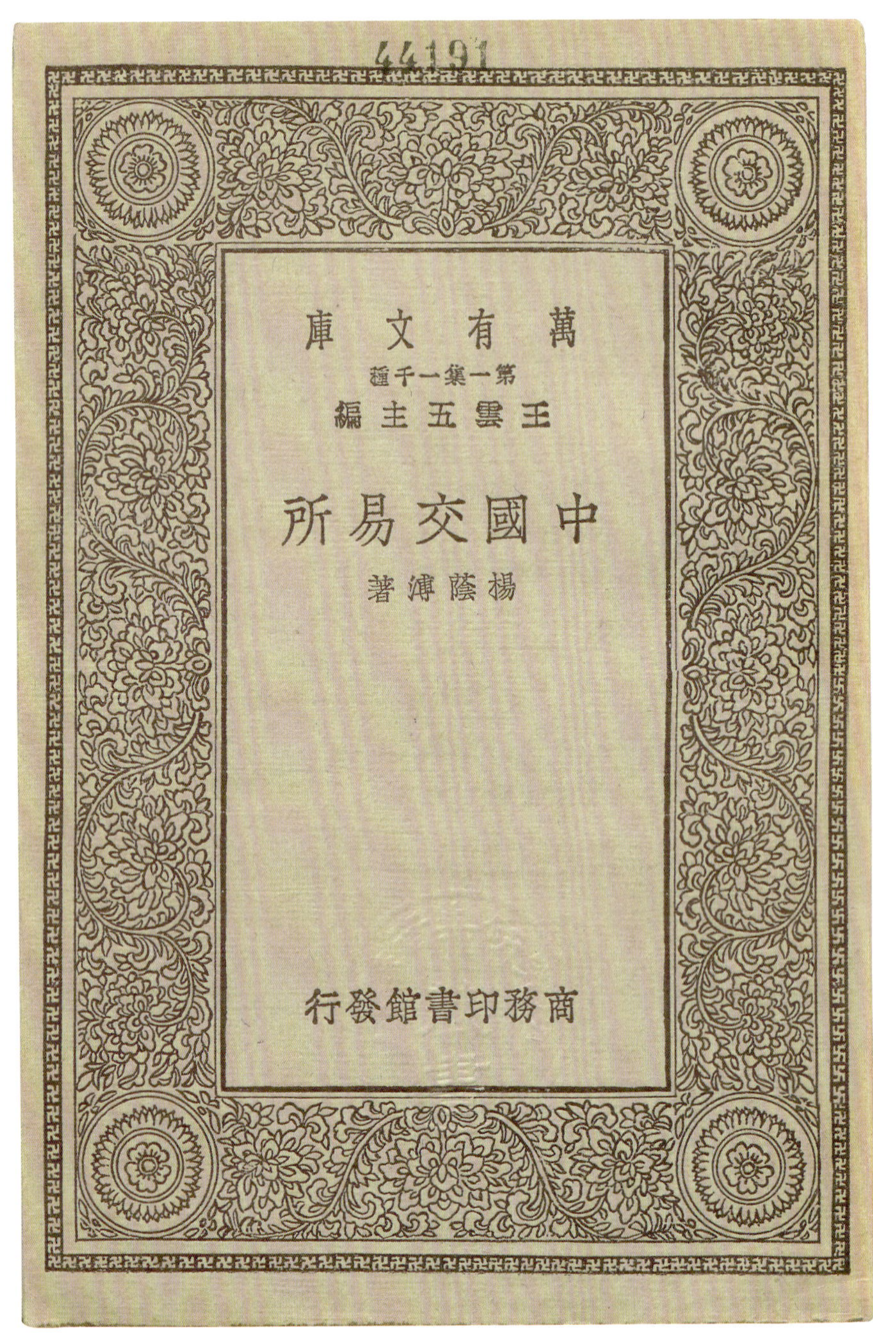

《万有文库 · 中国交易所》封面及内页（部分），商务印书馆 1930 年 10 月版，杨荫溥著，杨荫浏执笔

王雲五主編

萬有文庫

第一集一千種

中國交易所

楊蔭溥著

發行兼印刷者　商務印書館　上海寶山路

發行所　商務印書館　上海及各埠

中華民國十九年十月初版

The Complete Library

Edited by

Y. W. WONG

STOCK EXCHANGE IN CHINA

By

YANG YIN P'U

THE COMMERCIAL PRESS, LTD.

Shanghai, China

1930

B五七五分

一百五十包至五百五十包、買進義成漢豐達豐泰昌一百五十包至六百包、

○銷靜聲裏漢標益軟

棉市略平、但趨勢極其軟化、多數心理看跌、因實銷冷澹、各廠均無需要、而外棉情形、亦呈徘徊之勢、故人心多數看跌、然新抛戶尚缺、漢幫觀望、棉市前途若何、須依天氣爲進退耳、

△本月期恆大多頭了結　漢標前市開盤、以美棉稍漲、堅漲五分、惟本月份以恆大多頭了結、市氣又鬆、午後又跌五分至一錢、全日成交統計一萬九千七百擔、查賣出恆大恆益裕大天成同與天昌愼昌達豐八百擔至一千六百擔、買進裕大昌記永昌義成益昶五百擔至一千六百擔、

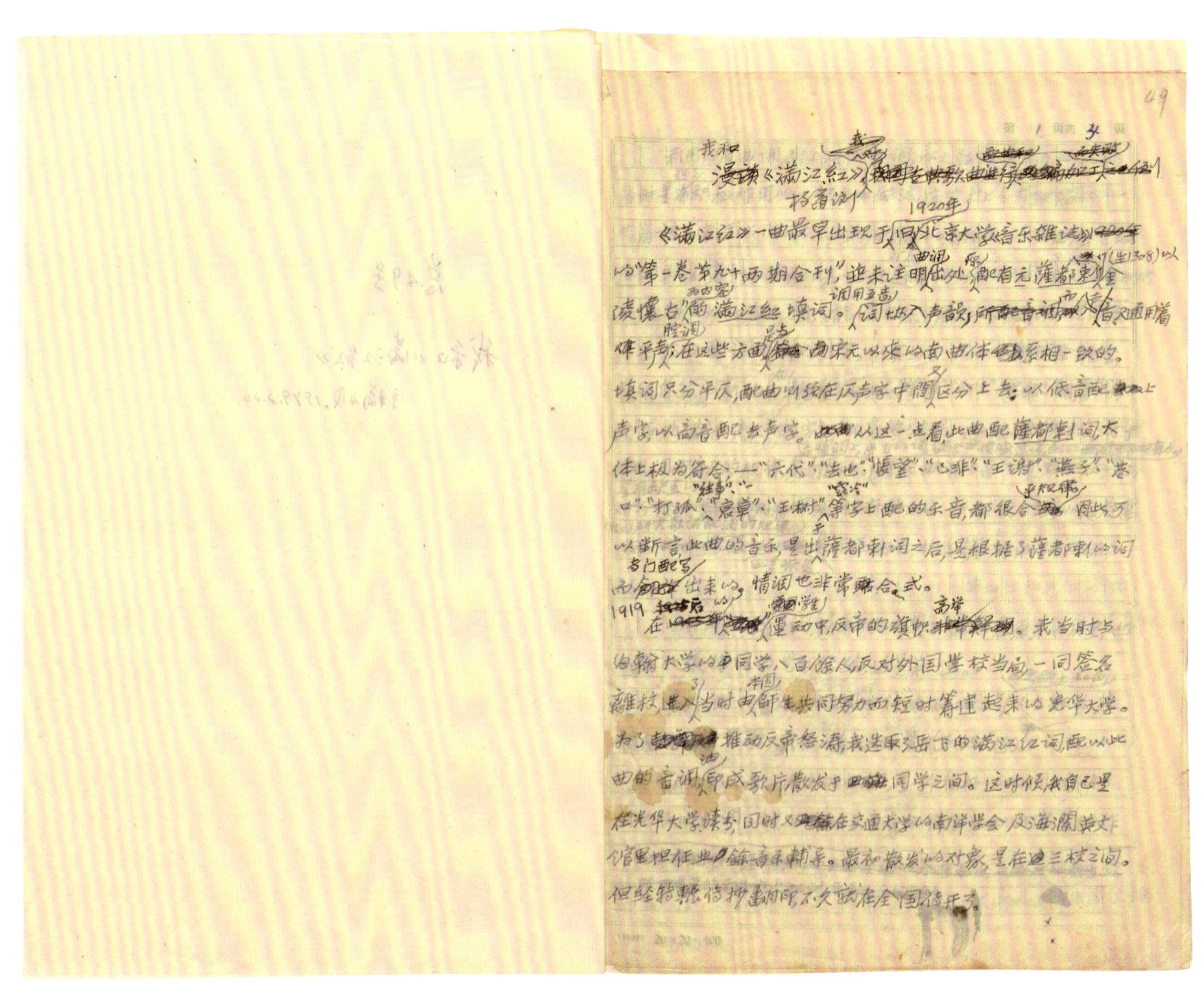

第 1 页共 3 页

我和《满江红》

杨荫浏

《满江红》一曲最早出现于1920年北京大学《音乐杂志》的"第一卷第九十两期合刊"，并未注明曲调出处，原配有元萨都剌（生1308）以"金陵怀古"为内容的满江红填词。词调用五音，词协入声韵，而合音又通用着律平声；在这些方面是与宋元以来的南曲体系相一致的。填词只分平仄，配曲则又须在仄声字中间区分上去，以低音配上声字，以高音配去声字。从这一点看，此曲配萨都剌词，大体上极为符合——"六代"、"去也"、"怅望"、"已非"、"王谢"、"燕子"、"巷口"、"打孤"、"往事"、"衰草"、"玉树"、"露冷"等字上配的乐音，都很合乎规律。因此可以断言此曲的音乐，是出于萨都剌词之后，是根据了萨都剌的词而专门配写出来的，情调也非常合式。

1919在"五四"学生运动中，反帝的旗帜高举。我当时与约翰大学的同学八百余人，反对外国学校当局，一同签名离校，进入了当时由本国师生共同努力而短时筹建起来的光华大学。为了推动反帝怒潮，我选取了岳飞的满江红词，配以此曲的音调，油印成歌片，散发于同学之间。这时候，我自己是在光华大学读书，同时又在交通大学的南洋学会及海澜英文馆里担任业余音乐辅导。最初散发的对象，是在这三校之间。但经转辗传抄翻印，不久就在全国传开了。

《我和满江红》内页（部分），杨荫浏手稿，27.8cm × 19.5 cm

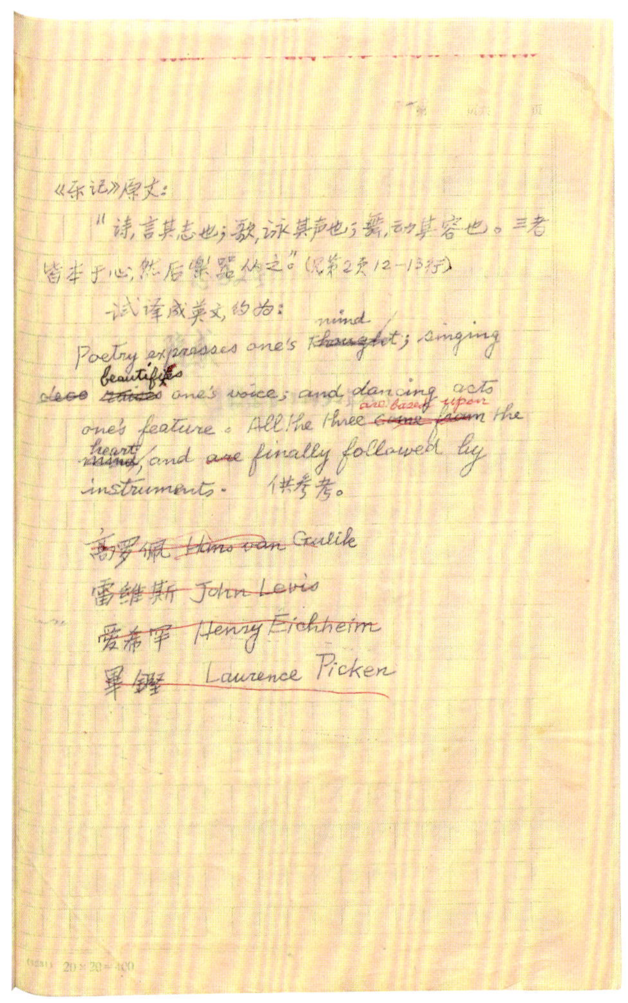

《乐记》原文：

"诗，言其志也；歌，咏其声也；舞，动其容也。三者皆本于心，然后乐器从之。"（见第2页12—13行）

试译成英文，约为：

Poetry expresses one's mind; singing beautifies one's voice; and dancing acts one's feature. All the three are based upon the heart, and finally followed by instruments. 供参考。

高罗佩 Hans van Gulik

雷维斯 John Levis

爱希平 Henry Eichheim

毕铿 Laurence Picken

《乐记》译文（部分），杨荫浏手稿，25cm × 18.2cm

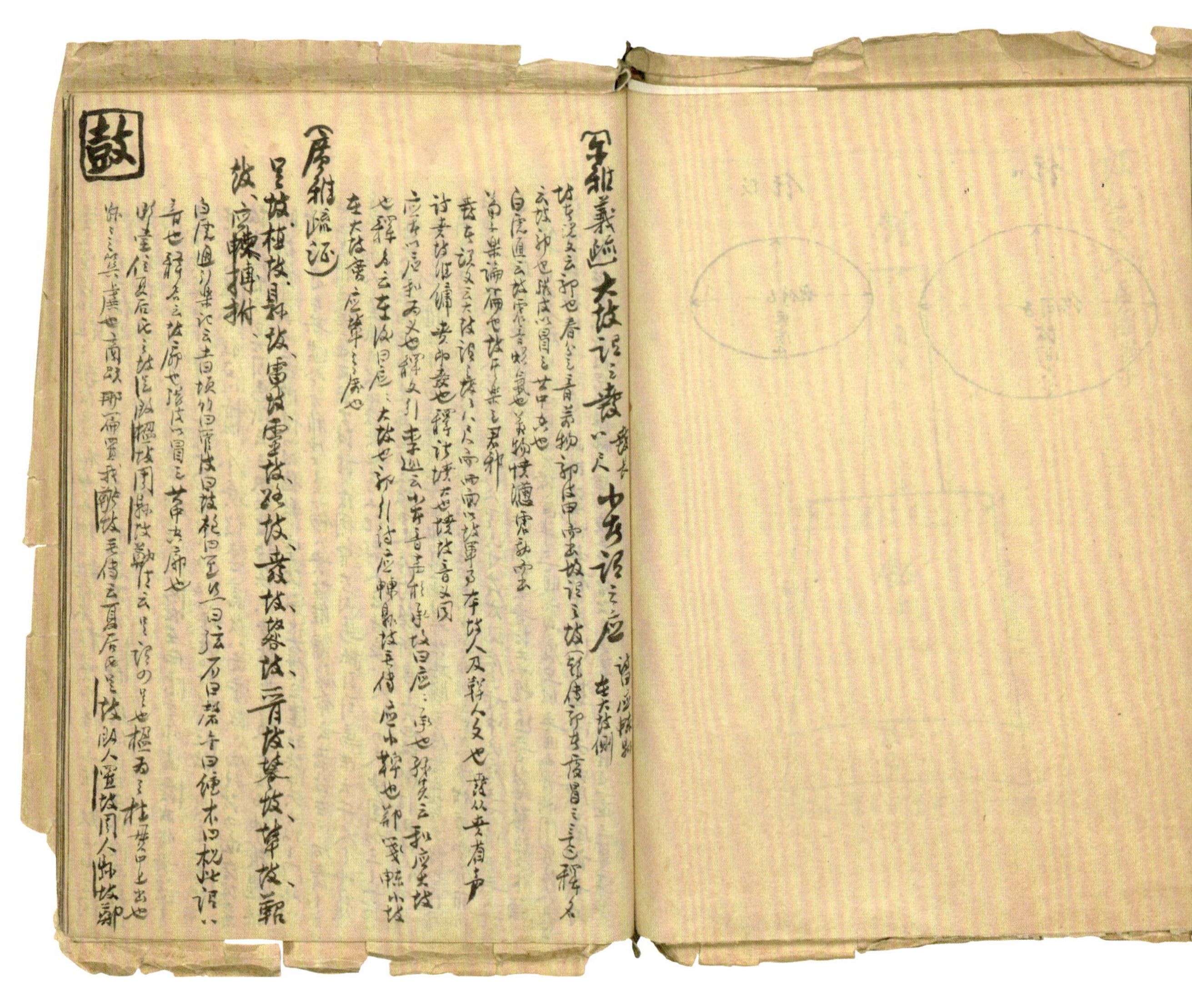

20 世纪 20 年代杨荫浏的笔记本内页（部分），杨荫浏手稿，24cm × 19.5cm

筍之置謂曰植，植之謂於為楹，每於樹之筍，筍於楹之植之數中山侯詞
首山用于儀置故置之謂曰植，植之於中楹故亡或謂之建，建故大射儀建鼓在阼階西，鄭注
云建猶樹也，以木貫而載之，樹之跗也
周禮有皆兩之處曰物，故禮器云廟堂之下縣鼓在西，應鼓在東，靁鼓或作賁，說文
又作鼖，鼖或作鼙。周官鼓人以靁鼓鼓神祀，以靈鼓鼓社祭，以路鼓鼓鬼享，以鼖鼓鼓
軍事，以鼛鼓鼓役事，以晉鼓鼓金奏。說文云靁鼓八面，靈鼓六面，路鼓四面，鼖鼓、鼛
鼓皆兩面。大司馬職云王執路鼓，諸侯執賁，軍將執晉，師帥執提，旅
帥執鼙。鼙，吳氏云為衛護以致猶敵，以靈鼓驅之。大僕云建路鼓于大寢之門外，以
待達窮者與遽令。大雅靈臺篇云賁鼓維鏞，殷命云崇牙樹羽，應田縣鼓，賁
鼖也。說文云鼖大鼓也，又云鼛大鼓，說之據周官大司馬職引司馬法云千人之帥執
鼙，萬人之主執大鼓，此鼖鼓也。考工記韗人云鼓長八尺，鼓四尺，中圍加三之一，謂
之鼖鼓，又云為皋陶長六尺有六寸，鼓四尺，倨句磬折，皋之大也，故鄭注明堂位云皋
之言高也。小雅鼓鍾篇鼓鍾伐鼛，大雅緜篇鼛鼓弗勝，毛傳並云鼛大鼓也。周官
大司樂王大食三侑皆令奏鍾鼓，謂鼛鼓也，前子云論語云晏子伐鼛，鼓亦令鼛亦
縱長也。考工記韗人為皋陶，中尺，人厚三寸，左右端廣六寸，中尺，厚三寸，穹者三之一
上三正，鄭注云此鼓兩面，以六鼓差之，賈侍中云晉鼓大而短，近晉鼓也。鼛說文作鼜，
云夜戒守鼓也，禮，昏鼓四通為大鼜，夜半三通為戒晨，旦明五通為發明。周官鼓人凡軍
旅夜鼓鼜，鄭注與說文同。眡瞭鼜愷獻，杜子春注云鼜讀為憂戚之戚，謂戒守
鼓也，擊鼓聲疾數，故曰戚。鎛師凡軍之夜三鼜皆鼓之，守鼜亦如之，杜注云一夜三鼜備守
鼜

鼜也，春秋傳所謂賓將趨者，音聲相似。掌固夜三鼜以號戒，杜注云鼜讀為造次之造，謂擊鼓行
夜戒守也。按：鼜、戚二字古聲皆與蹙相近，詩自詒伊戚，與蹙蹙靡所騁為韻，孟子舜見瞽瞍
其容有蹙，韓非子忠孝篇作其容造焉，大戴禮保傅篇靈公造然失容，造然並杜云蹙讀為
蹙戚。戚聲相近，故說文引周官鼜戚，又引詩鼜鼓，故又云鼜讀為造次之造，造與蹙
聲之近也，更讀以為兩耳中實。蹙之言失之。大雅緜篇云凡鼓之例，此小鼓也，說之應鼙朔鼙
大射儀建鼓在阼階西，應鼙在其東，一建鼓在西階之西，朔鼙在其北，注云應鼙應朔鼙
也，先擊朔鼙，應鼙應之，鼙，小鼓也，擊之以為節也，月令命樂師修鞀鞞鼓鞞
也，先擊朔鼙，應鼙應之。鞞，麻小鼓也。鞀，鼗也，皋陶說云下一面鼓故周官小
師掌鼓鼗，注云鼗如鼓而小，持其柄搖之，旁耳還自擊。大射儀鼗倚于頌磬西紘，注
云鼗如鼓而小，有柄，賓至搖之，以奏樂也。鼗之言兆也，兆，始也。釋名云鼗，導也，所以導樂作
也。商頌作鞉，月令作鞀，說文云鞀或作鞉，又作磬，注字異而義同。應說應鞞也，鞞說
朔鼙也。爾雅小鼓謂之應，鄭注云應，大鼓也。禮器云廟堂之下縣鼓在西，應鼓在東，周官
小師下管擊應鼓，注云應，鼙也。周頌有瞽篇應田縣鼓，毛傳云應，小鞞也，鄭箋云
田當作朄，朄，小鼓在大鼓旁，應鞞之屬也。朄，說文作𣫍，云擊小鼓引樂聲也。周官大師下
管播樂器，令奏鼓朄，鄭注云朄，小鼓也，先擊小鼓，乃擊大鼓，小鼓為大鼓先引，故
曰朄，朄讀為道引之引，朄字從申，東聲。文本誤從東，今訂正。鞞為搏拊，以章國禄，形如鼓
以手拊拍之也。鼻，內讀搏拊為父，大傳云以韋為鼓，謂之搏拊，以搏拊或謂
之拊，亦一也。明堂位拊搏玉磬，注云拊搏以韋為之，充之以糠，形如小鼓，所以節樂。大戴禮
禮三本篇作一縣而尚拊搏，荀子禮論篇作縣一鐘而尚拊膈，周官大師帥瞽登歌，令奏
擊拊，注云拊形如鼓，以韋為之，著之以糠。樂記云治亂以相，今字樹於

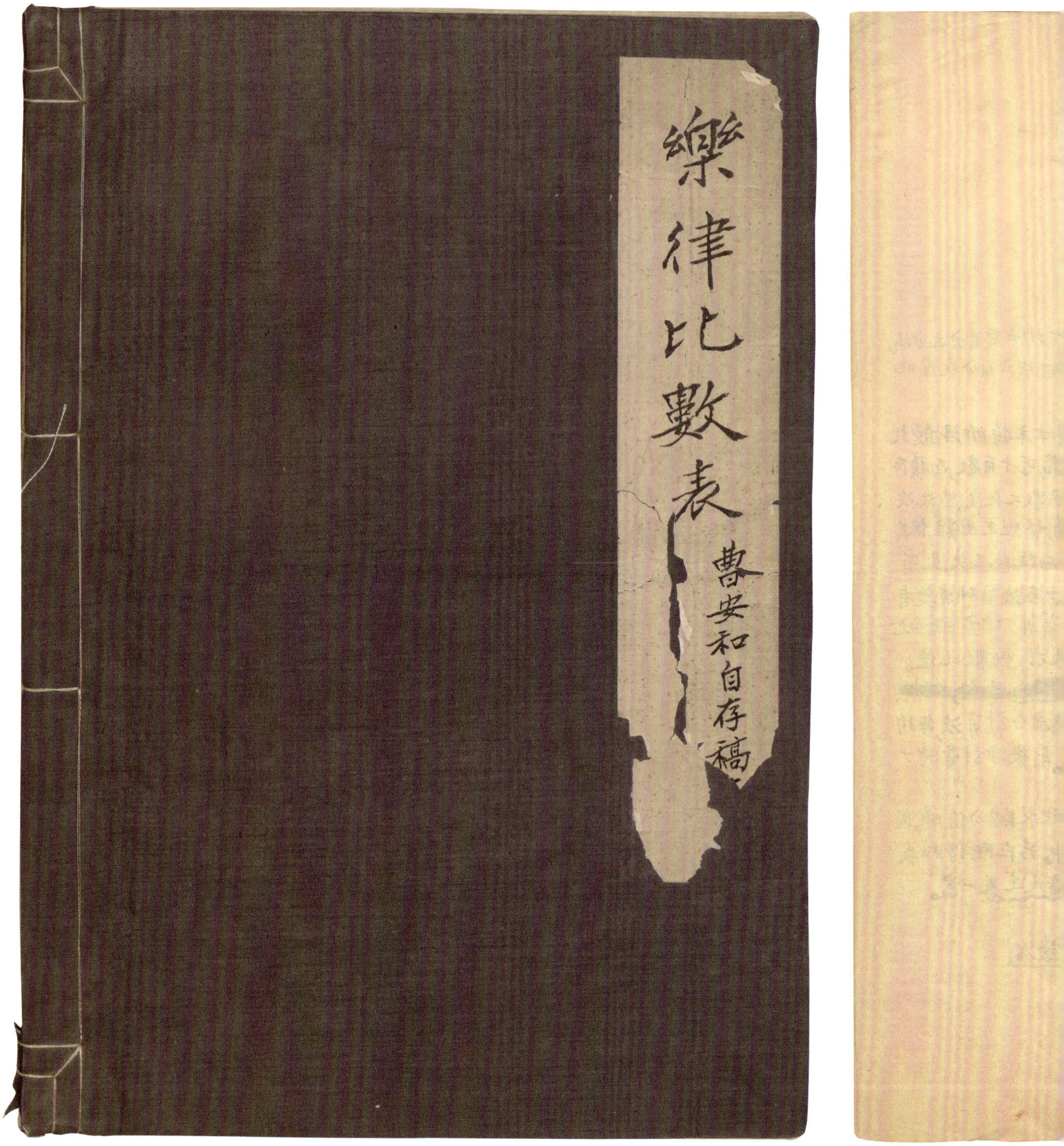

《乐律比数表》（曹安和自存稿）封面及内页（部分），杨荫浏手稿，31cm×22.7cm

樂律比數表四種

引言

楊蔭瀏

一 音分計算法

物理學家比較音之高低，大都取振動數為單位。振動數為衡量音高之精確單位；固仍為吾人今日所宜注意。然振動數字，不能與音樂家所有全音半音等之音程感覺直接發生關係。同一半音或全音音程，在音低時，組成此音程之二音間相差之振動數少；在音高時，組成此音程之二音間相差之振動數多。僅言某二音間相差若干振動數，並不能表示任何音程意義。故表示音程大小，為音高比較上便利起見，又有所謂音分計算法。

近代音分計算法，各家主張不同。歸納之，約有五種；均將一個八度音程分成若干較小單位，以與振動數相比較。

(一) 赫瑟爾(Herschel)之法，將一個八度音程分成千份；每份得 $\sqrt[1000]{2}$。

(二) 來刻(Karl Laker)之法，將一個八度音程分成百份；每份得 $\sqrt[100]{2}$。

(三) 哥第(Gaudy)之法，將一個八度音程分成十二份；每份得 $\sqrt[12]{2}$。

(四) 愛理斯(A.J.Ellis)之法，將一個八度音程分成一千二百份；每份得 $\sqrt[1200]{2}$；以每百份合一個半音，以每二百份合一個全音。

(五) 雅塞(Joseph Yasser)所著之演化音性論(A Theory of Evolving Tonality)書中，將一個八度音程分成六百份，每份得 $\sqrt[600]{2}$；以每五十份合一個半音，以每百份合一個全音。

上述各種計算法中，雅塞之法最為後出，而愛理斯之法最為流行。愛理斯之法，分別較細。愛理斯之兩個音分，相當於雅塞之一個音分；愛理斯之音分值折半，即等於雅塞之音分值。二者之間，不難換算。

7

《语言音乐学讲稿》封面及内页（部分），杨荫浏著，1963 年 3 月油印本，25.5cm × 18cm

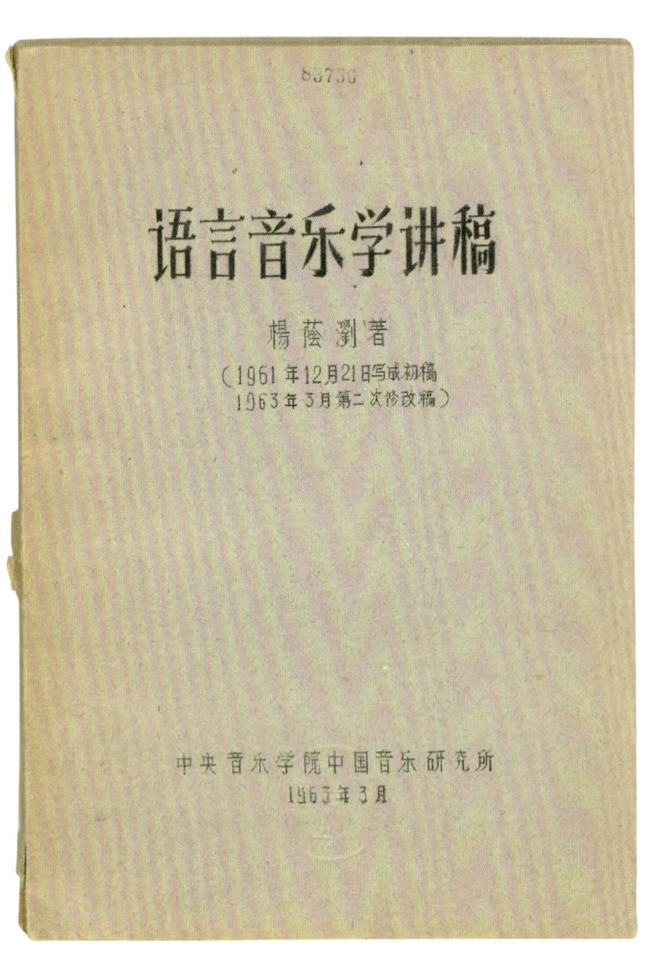

—Ⅲ—

語言音樂學講稿

目錄

— 24 —

然后在每一类下面，又依韻母之不同，区分为若干韻部；例如上平声一类中有"一東、二冬、三江、四支、五微……等十五韻，下平声另有十五韻，上声有二十九韻，去声有二十九韻，入声有十七韻。①

又这种韻书虽然分为四声，但四声之中，上、去、入又可归併为仄声； 而自唐以来，应用这种韻书而写作律诗和绝诗的诗人，他们所要求的，主要也只是将平声和仄声（简称平仄）区分清楚。 所以，就诗人对这种韻书实际上应用的情形而言，我们又可以称之为平仄系统。 平、上、去、入与平、仄的关系如下表所示：

上平 下平 → 平 — 平声

上 去 入 → 仄 — 仄声

下面几个吟诗、吟词和宣卷的曲调，在所配的旋律上，都是适合于音韻上的平仄系统的：

① 根据佩文韻府的分韻法。

— 25 —

浪淘沙

（吟詞調）

南唐 李 煜 詞
湘陰 任尔敦 唱
楊蔭瀏 記

2/4 56 53 | 2 — | 65 3 | 2 — |
簾外 雨潺 潺， 春意 闌 珊，
獨自 莫憑 欄。 無限 江 山，

5·6 1 | 2 3 | 5 3 | 2 — |
羅 衾 不 耐 五 更 寒。
別 时 容 易 見 時 難！

56 53 | 23 5 | 65 3 | 2 — :|
夢裏 不知 身是 客， 一晌 貪 歡。
流水 落花 春去 也， 天上 人 間！

这是以前湖南省湘陰縣的"儒教"在丧事中绕着死人的棺材而唱的一种歌。 因为儒教的"礼生"大都是文人，其所用的歌曲，又大都是古代的诗词歌赋之类；所以这首歌的唱法，可能就是过去当地文人吟词的调子。

谱上用箭头指出了旋律升降的倾向。 从而可以看出，凡係两三个仄声字联成的小逗，其所配旋律一般地总是上升或是用較高的音。 而凡是平声字联成的小逗，则其所配旋律，一般地总是下降或用較低的音。

— 42 —

南北曲字調配音原則表

	字調/配音	1 陰平（南曲陰入同）	2 陽平（南曲陽入同）	3 上	4 去
本字音調之進行	○ 腔格	1. 单音腔，升高或降低一二度后，回復原位，成三音腔，如：	2. 略低起，上行一、二度，成二音腔	3. 甚低起上升；可从甚低起連續上升，亦可于第一低音后转向更低一二度处，急过后再上升，如： 北曲有时起处略高，转低后再上升，如： 3- 本字低起或低起转低后不即上行，待下字来继續上行，完成腔格。	4. 高起下行，可從甚高处連續下行，亦可于第一高音后转向更高一二度处，急过后再下行，如： 北曲高起下行后，有时加过音回上，以接下面配平声字的高音，如： 4- 本字高起或高起转高后不即下行，待下字来继續下行，完成腔格。 (4) 崑曲陽去声字由低上跳后再下行。 (4-) 崑曲陽去声字有时由低上跳后不即下行，待下字来继續下行，完成腔格。
	※ 繁腔	※1. 三音腔格后向略高略低处作連續纏繞。	※2. 随二音腔格，更略上行后回头，作連續纏繞	※3. 低起上行后再回低上行若干次，如：	※4. 高起下行后再回高下行若干次，如： (※4) 崑曲陽去声字高跳后下行，再回高下行若干次
	△ 跳腔		△2 上跳	△3. 上跳	△4. 下跳 (△4) 崑曲陽去声字上跳

— 43 —

南北曲字調配音原則表（續）

	後字/前字	1 陰平	2 陽平	3 上	4 去
前後字調之進行	1 陰平	11 同度；高低一二度；二字合用一腔格	12. 略低或同度。	13. 略低或大低	14. 略高或大高；北曲去声字亦可从更低处再下行。 (14) 崑曲陽去声字首音高、低或同度均可
	2 陽平	21. 同度，略高或上跳	22. 略高或上跳	23. 略低或大低	24. 略高或大高；北曲去声字亦可从更低处再下行。 (24) 崑曲陽去声字首音高、低或同度均可。
	3 上	31. 随前字上声腔上行或上跳	32. 随前字上声腔上行或上跳	33. 随前字上聲腔上行或上跳；下降后重新上行。	34. 略高或大高；反前字上声腔方向而下行。 (34) 崑曲陽去声字首音高低均可
	4 去	41 南曲随前字去聲腔而下行或下跳；北曲有时上行或上跳。	42. 南曲随前字去聲腔而下行或下跳；北曲有时上行或上跳。	43. 反前字去聲腔方向而上行。	44. 随前字去聲腔下行或下跳；回上后重新下行。 (44) 崑曲陽去聲字后的去聲字首音有时上跳。

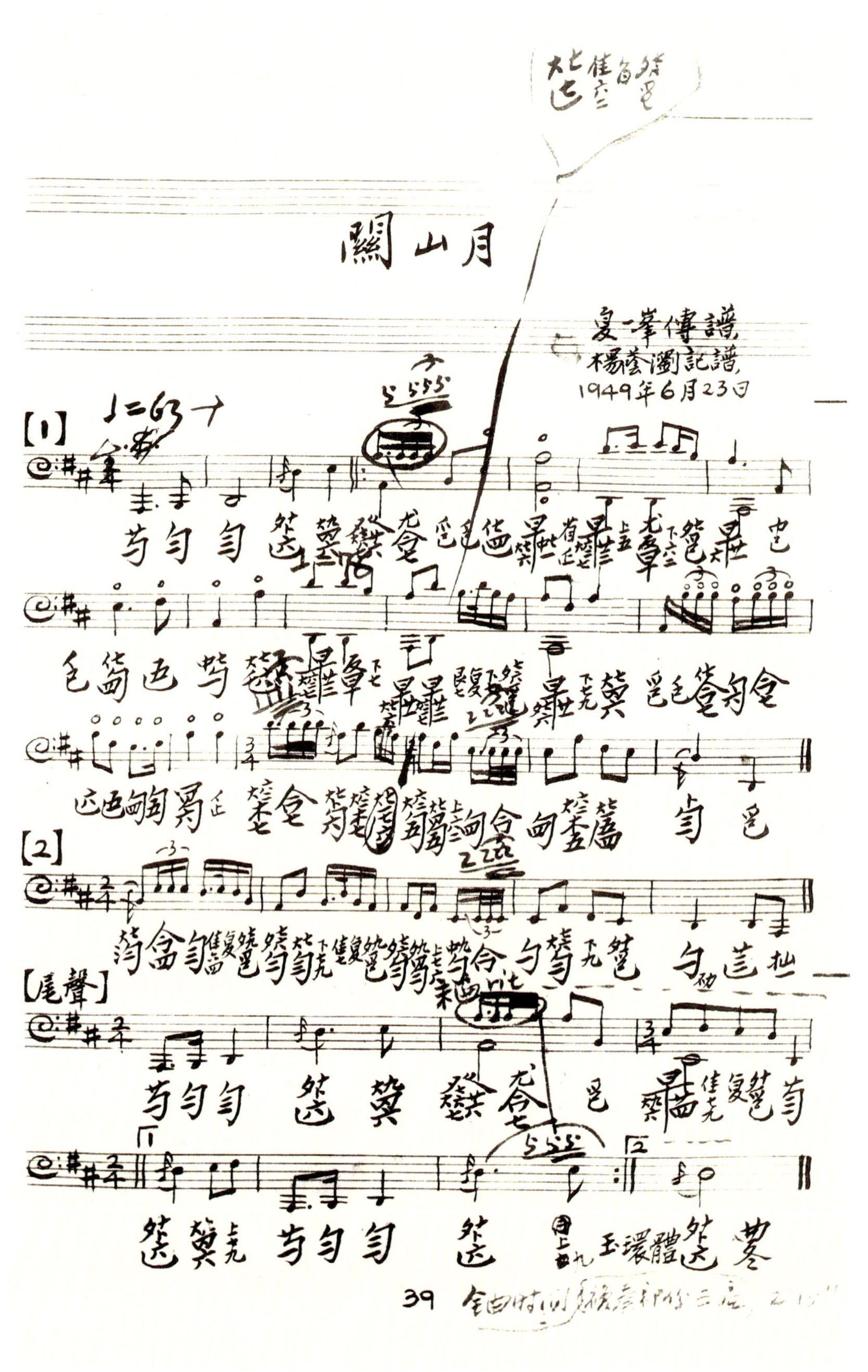

《关山月》夏一峰传谱，杨荫浏记谱，杨荫浏手稿，1949 年 6 月 23 日

《关山月》王燕卿传谱，杨荫浏、程午嘉编订，杨荫浏手稿，1949 年 6 月 23 日

《中国古代音乐史稿》（上、下册）书影

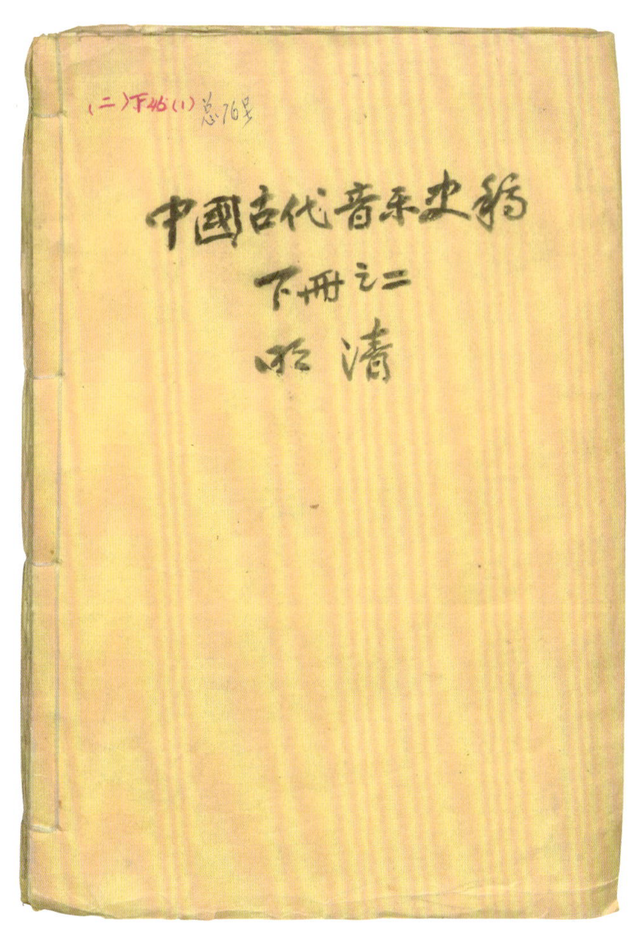

《中国古代音乐史稿》（下册之二，明、清）封面，杨荫浏手稿，28cm × 19.5cm

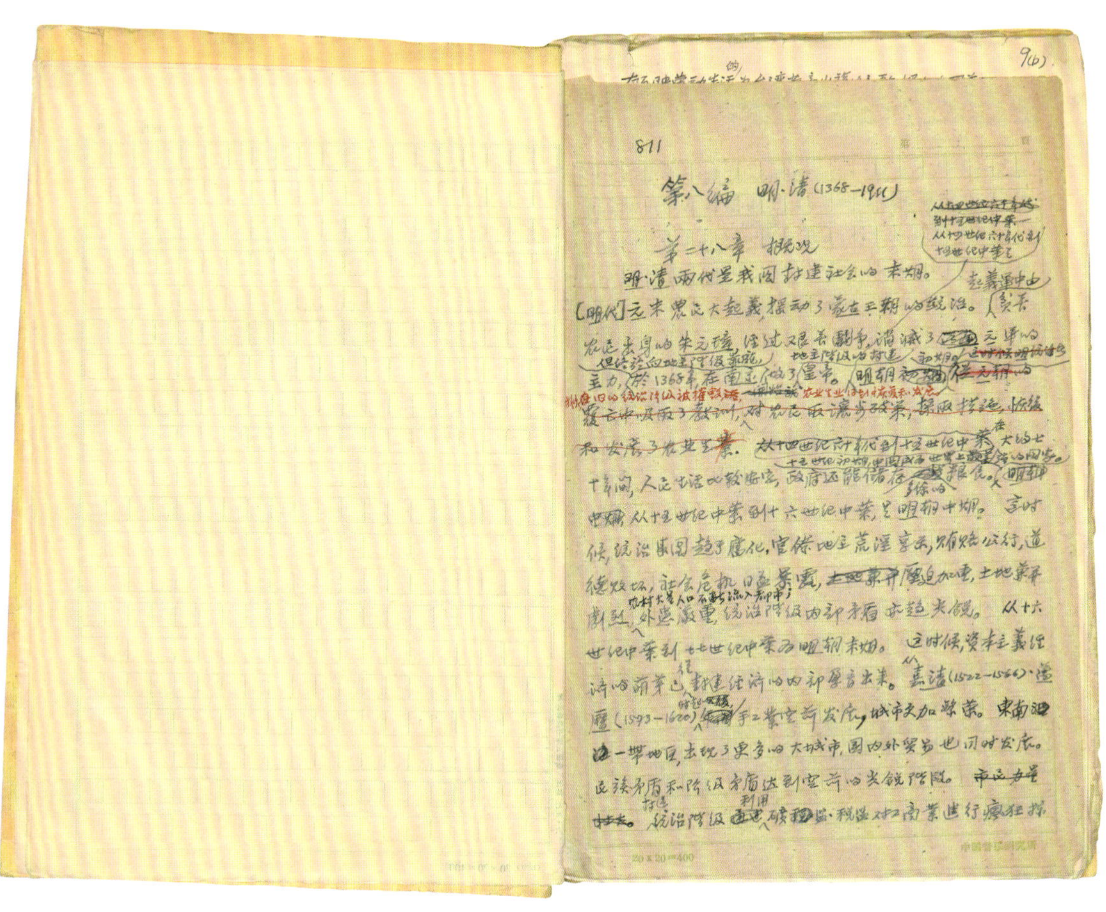

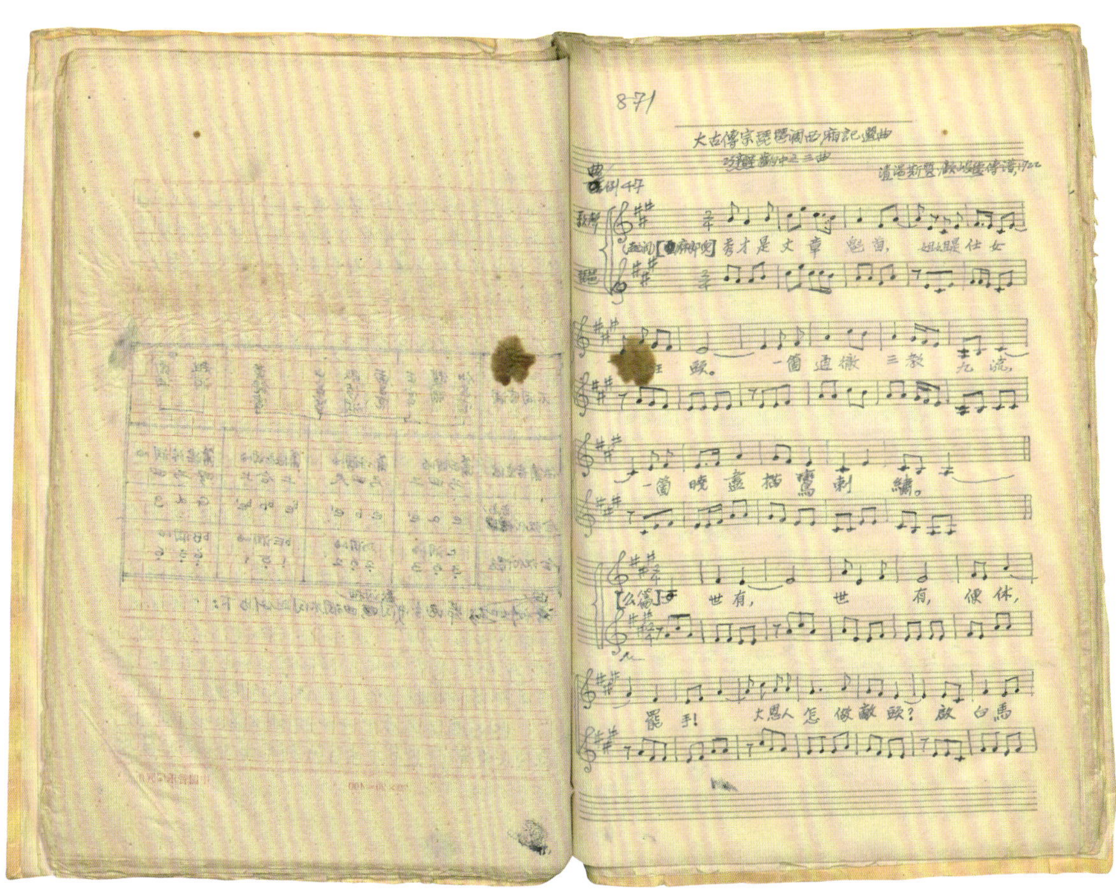

《中国古代音乐史稿》（下册之二，明、清）内页（部分），杨荫浏手稿，28cm × 19.5cm

杨荫浏的勤勉，为学界共知。许多杨荫浏的回忆文章都谈到了他的勤奋和专注。他留给大家的印象是整日工作，或埋在书堆中阅读书写，或翻阅卡片，或查索资料。杨荫浏的“休息”，是从一项工作内容换到另一项学术研究。从他所制“研究古琴曲进度表”手稿中统计，仅1948年，杨荫浏练习演奏多首琴曲共计4246次。从1954年到1956年间的工作记录手稿可以清楚地看到他的勤奋、自律和对时间的珍惜。

次序	曲名	學畢時間 年	月	日	彈習遍數 年 1949 / 月 6 / 日 2	3	8		9	8 / 4	9 / 5	6	9	10
1	良宵引				45						2			
2	陽關				11									
3	水仙操				329						2			
4	普庵咒				165						1			
5	漁樵				70							2		
6	平沙				62							2		
7	漁歌				101							2		
8	風雷				124		1				1			2	
9	四大景				14	1				1				
10	静观吟				63		1			1	1			2	
11	長门怨				20	3	3		2	1	4			2	
2	梅花								6						
3	[illegible]涧風雷							初打梅花，皇帝节奏						1
4	释谈章													1
5	烏夜啼（改订凌[illegible]谱）													
6	廣陵散（打谱）													
7	瀟湘[illegible]													
8	墨子悲丝													
9	鷗鷺忘机													
0	憶故人													
	合計				1009	4	5		8	3	6	5	6	6	2

次序	21	11	12	13	14	15	16	11 / 9	1[illegible] / 10	11	12 / 2	3	5	6	8	9	10	合計遍數
1	南[illegible]打廣陵[illegible]至正声[illegible]		初打凌[illegible]大陳烏夜啼本	外打杨时伯烏夜啼一遍	外打[illegible]西满[illegible]一遍											[illegible]		47
2																		11
3														2				333
4												1						167
5												1						73
6											1				1			66
7								2	1		1	1						108
8													1		1			130
9																		16
10													1		1		2	72
11													1		[illegible]			36
2																		6
3																		1
4		1																2
5			4	4	4	4	4		4	4								20
6				1	1													2
7									4	5								9
8													2	2	3	2	2	11
9														2			1	3
0																2	2	4
合計		1	4	5	5	4	4	2	5	5	2	3	5	6	6	4	7	11[illegible]

1947 年到 1950 年研究古琴曲进度表一册（部分），杨荫浏手稿，16cm × 23cm

次序	曲名	學畢時間 年	月	日	溫習遍數 14	14	17	18	19	20	21	22	24	28	29	30	5	8	16	17	20	21	23	24	9	11	14	16	18	19	21	合計遍數
年					1949												1950															
月					12												1								2							
1	良宵引			47	听這完後莫師之說[illegible]劉[illegible]處[illegible]及双[illegible]听来		含起依五和聲重打秋蟲(邱世)譜	二遍都仍古度譜遍讀計算		初彈於聽第二段五遍	彈聽一二段各遍						初彈遍數丁十段至遍	彈〃〃丁十段至遍							二月[illegible]回傷							47
2	水仙操			333			1	1	2	2	2																					341
3	普庵咒			167																								1				168
4	漁樵			73																												73
5	平沙			66																												66
6	漁歌			108																												108
7	風雷			130		4																										134
8	靜觀吟			72																												72
9	長门怨			36																												36
0	徽調風雷			1																												1
1	釋談章			2																												2
2	碧澗流泉			9																												9
3	墨子悲丝			11	4	2	3	2	2	2	2	1		2		3	2	3	1		3	1				1						45
4	鷗鹭忘机			3																												3
5	憶故人			4	1	1		1																								7
6	其他			55																												55
7	龍翔操												3	3	3	5	2	3	3		5	2	1	2	1	3	3	1	3	3	3	49 (58)
8	瀟湘[illegible]	1950	1	15															8	1	4	3	2	2	1	3	3	2	8	3	3	43
9	梅花																							2		3	3	1	3		1	13
0																																
	合計			1147	5	7	4	4	4	4	4	1	3	5	3	8	4	6	12	1	12	6	3	6	2	10	9	5	14	6	7	1272

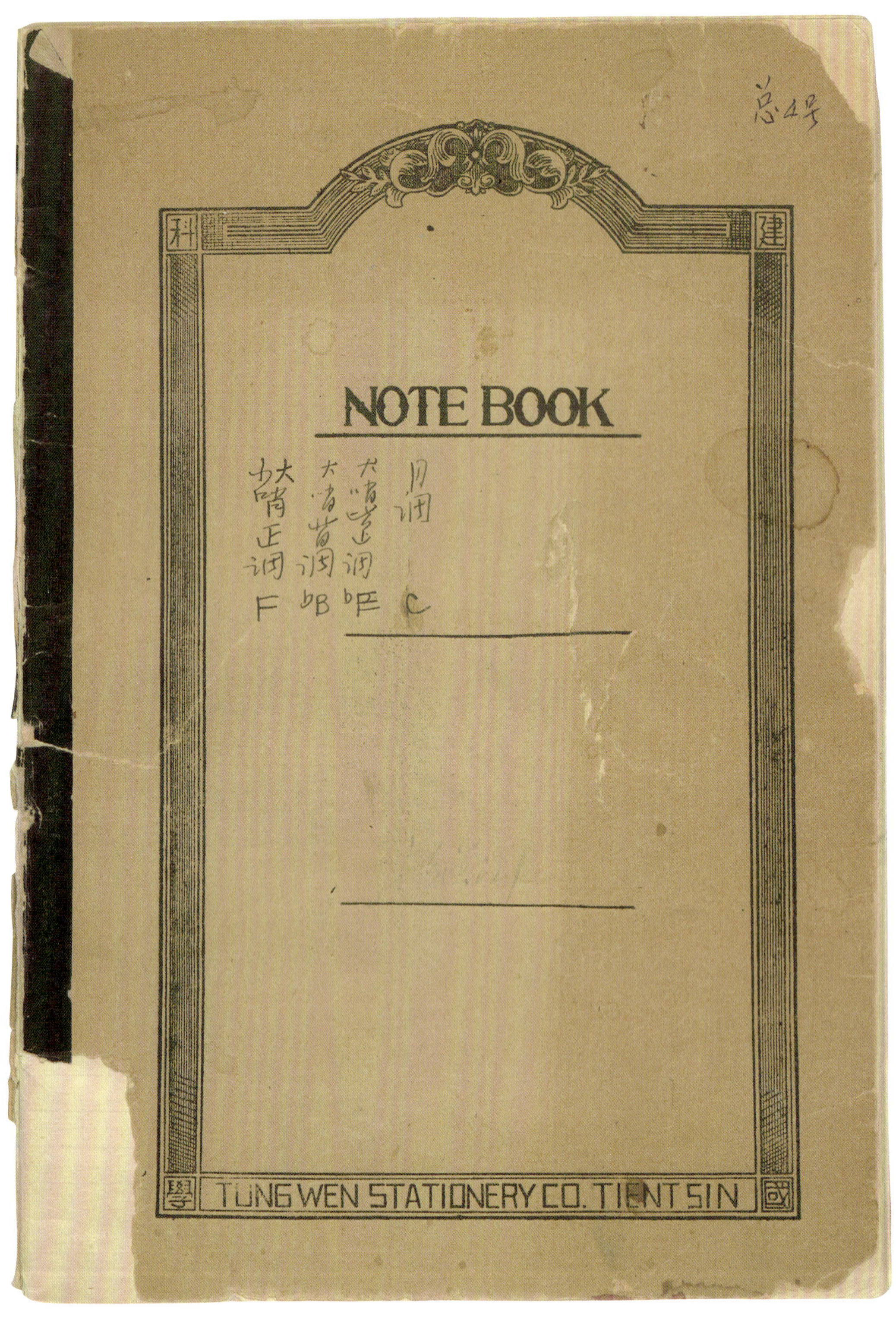

1954 年 9 月工作日记表封面及内页（部分），杨荫浏手稿，25.5cm × 18cm

1954年

月	日	時間	工作	目的
9	1	8—12	上半年工作总结报告	
		2:30—6:30	讨論憲法草案	
	2	8—9	與評價谈话	
		9—10	"除法家"	
		10—12	讨論	
		2:30—4:30		
		4:30—6:30		
	3	全日		
	4	8—10:30		
		10:30—1:3		
		3—5:30		
		5:30—6:30		
		8—11		
	5	8—12		
		3—4		
	6	8—11		
		11—12		
		2:5—4:5		
		4:5—6:5		
	7	8—12	谈工作计畫	
		2:30—3:30 5:30—6:30		
		3:30—5:30		
	8	8—10		
		10—12		

	付攷		業務	開會	谈话	通訊	審查	學習
7	2.7	6.5	12.3	21	2	1	4	4

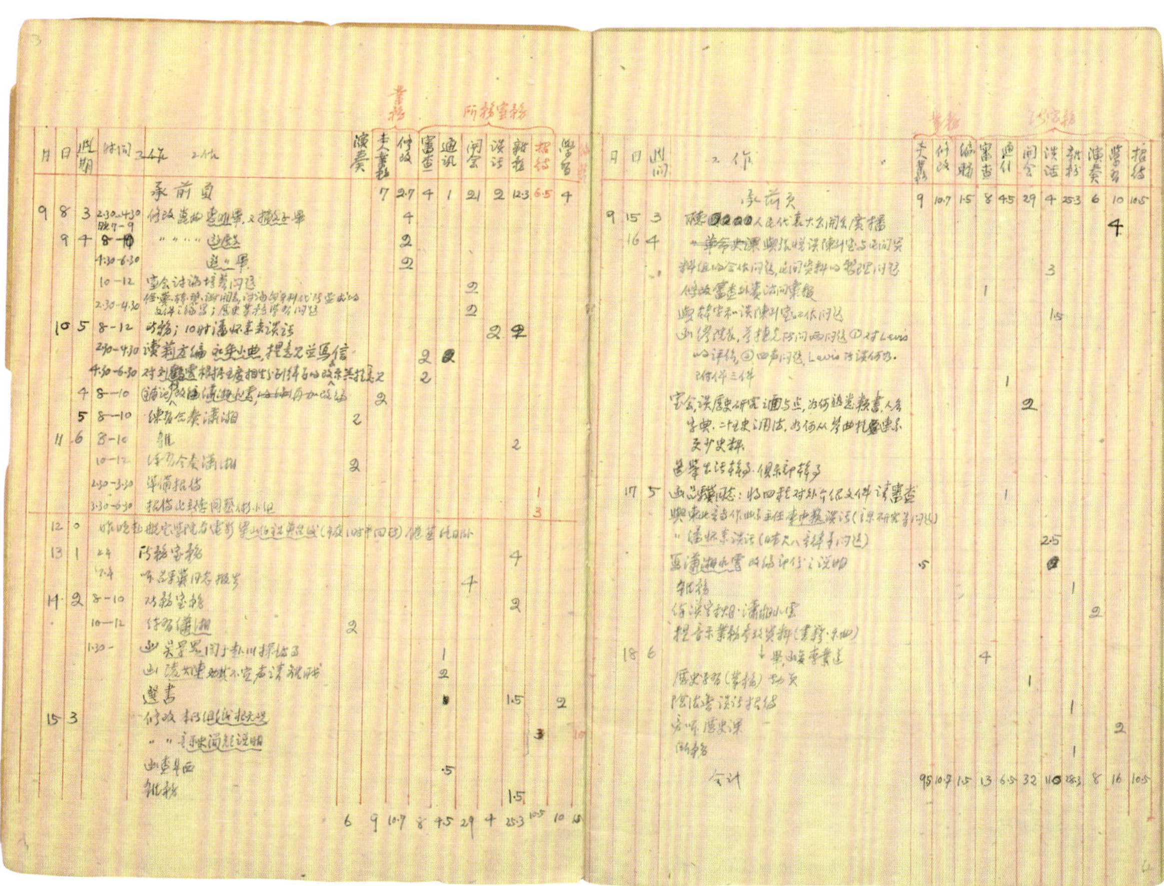

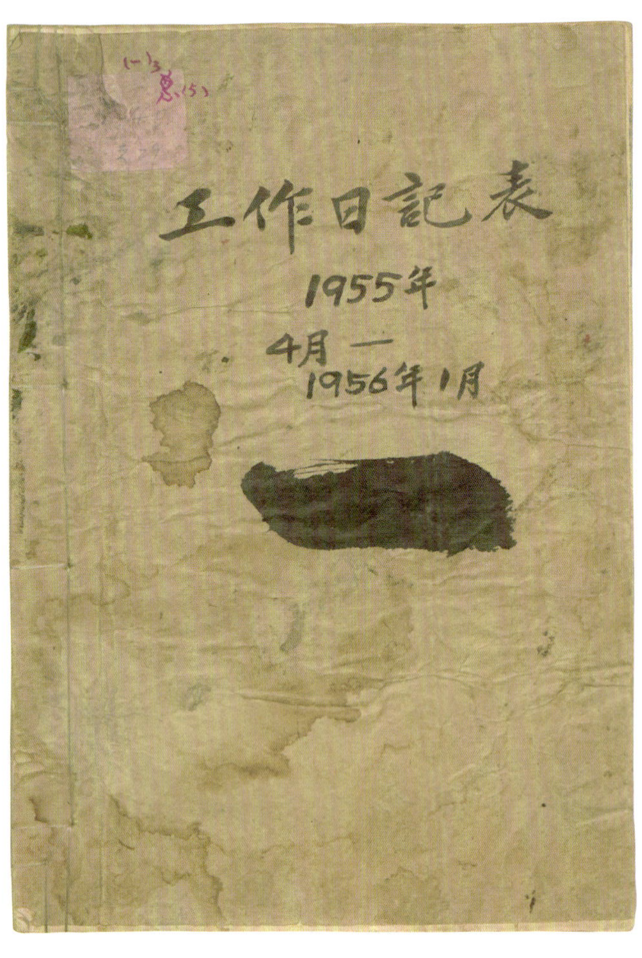

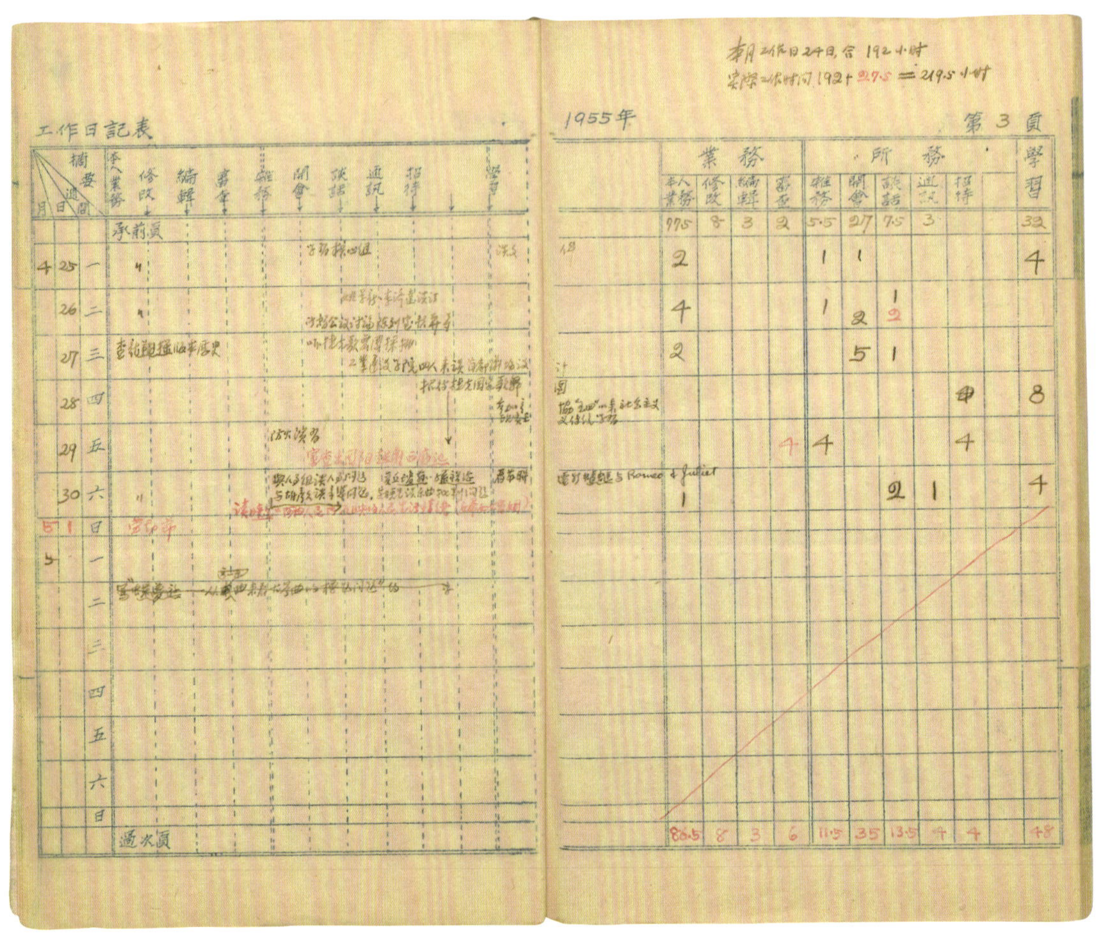

1955 年 4 月至 1956 年 1 月工作日记表封面及内页（部分），杨荫浏手稿，25.5cm × 18cm

1960 年 10 月 5 日，根据《九宫大成南北词宫谱》中之曲牌统计引、序、慢、近、冷、赚等曲的长短和节奏变化的情形封面及内页（部分），杨荫浏手稿，26.7cm × 18.2cm

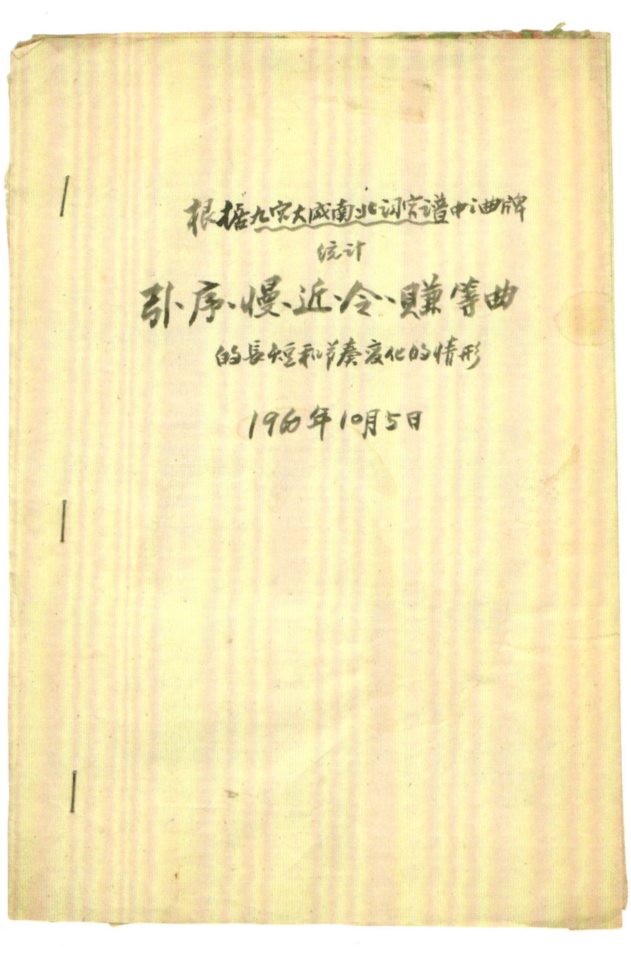

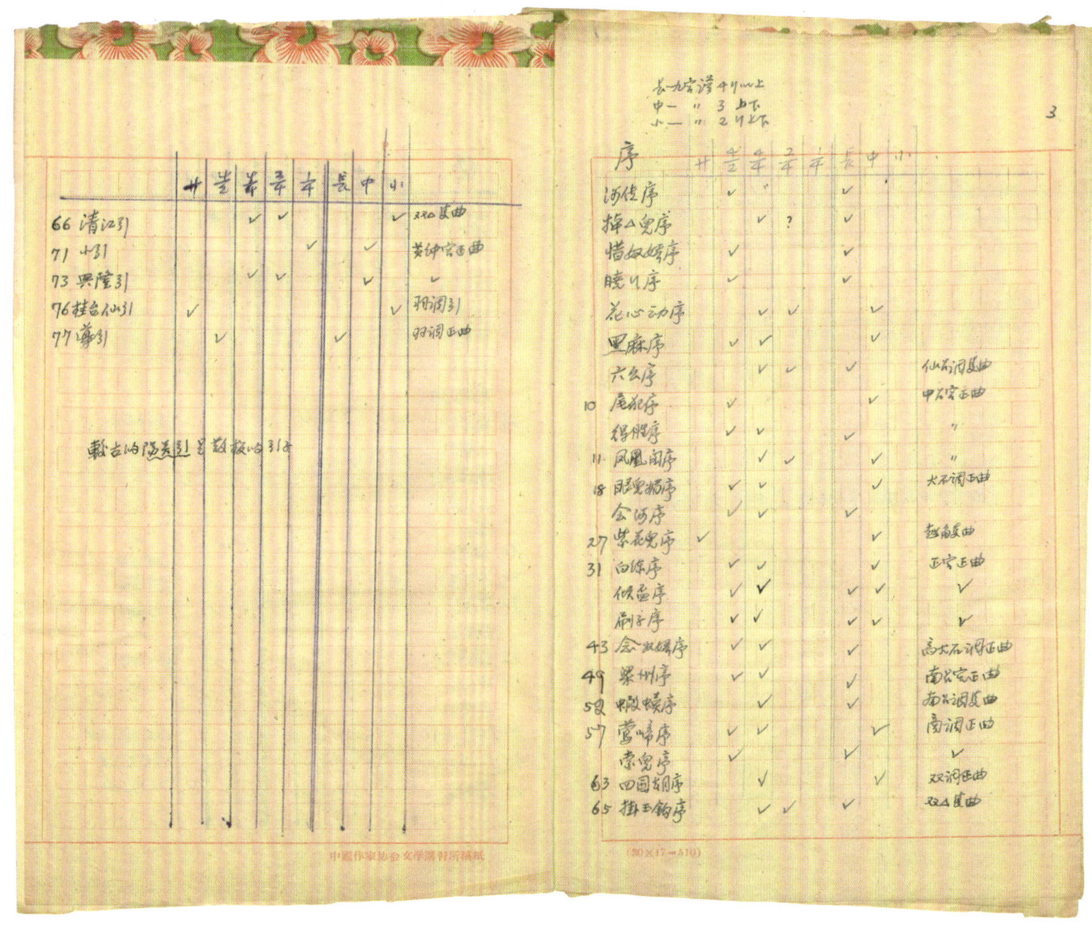

二、实践是音乐研究的基础

杨荫浏治学的最大特点是扎根于音乐实践。事实上，杨荫浏的实践精神绝不仅仅只在音乐实践中，更不止于音乐实地考察，而是体现在他学术研究的方方面面。青年时期，杨荫浏就有收集资料、制作卡片的习惯。他一边读书一边做卡片，虽然这些卡片都没能留存下来，但从各种采访口述中，我们可大略获知，他先后制作的各类卡片曾多达万余张。在整理历史文献和资料的过程中，杨荫浏会设计、绘制各种利于查阅的统计表。许多表格的设计在今天看来依然十分实用。他勤于练习乐器演奏，善奏三弦、笛、箫、古琴、琵琶等多种中国传统乐器，每种乐器的演奏几乎都能达到公开演出的水平。不仅如此，他还深谙许多中国传统乐器的制作方法、音乐性能，不但绘制乐器音律表，还亲自调试和改良乐器。他留下的百余幅乐器线描图及几十幅乐器性能说明图，都是他在传统音乐考察和研究中所绘，体现出深厚的绘图功底。他熟悉音韵，能背唱90多套昆曲，还能以三弦伴奏。摄影是他的爱好之一。从他所制各类摄影数据表可以看出，从拍摄涉及的多制式之间感光度的换算，到镜头焦距变化所需要的拍摄曝光补偿，再到暗房中不同显影液在不同温度下所需的冲洗时间等，他都有深入的研究，并且其中的许多内容都是他通过长期实践摸索总结得来。此外，为了妥善保管各类学术资料，杨荫浏曾亲自设计绘制各类资料柜的图纸，这些图纸和依照图纸制作的部分资料柜都保存至今。

内盖
c. 许多这在安放时，样的函
一行的密密排列起来如下
每函外盖上标明书家姓名及函数

一 远溯博索考察

20 世纪 50 年代，杨荫浏（左四）、李元庆（左六）等与山东聊城八角鼓艺人逯本荣（左五）等合影

1953 年，杨荫浏采访西安鼓乐期间在金代大铁钟前留影

1953 年 7 月，杨荫浏采访西安鼓乐期间与西北音协的同志合影

（右起：樊昭明、杨荫浏、李石根、何钧）

1958 年 11 月，杨荫浏（右一）、郑律成（右三）等音乐家在北京大兴县与村里歌手交谈

1958 年 11 月 15 日，杨荫浏（右一）于北京大兴县安定人民公社参加座谈会并签名留念

1956 年 4 月，杨荫浏（左六）、曹安和（左七）与采访队在湖南长沙岳麓山爱晚亭合影

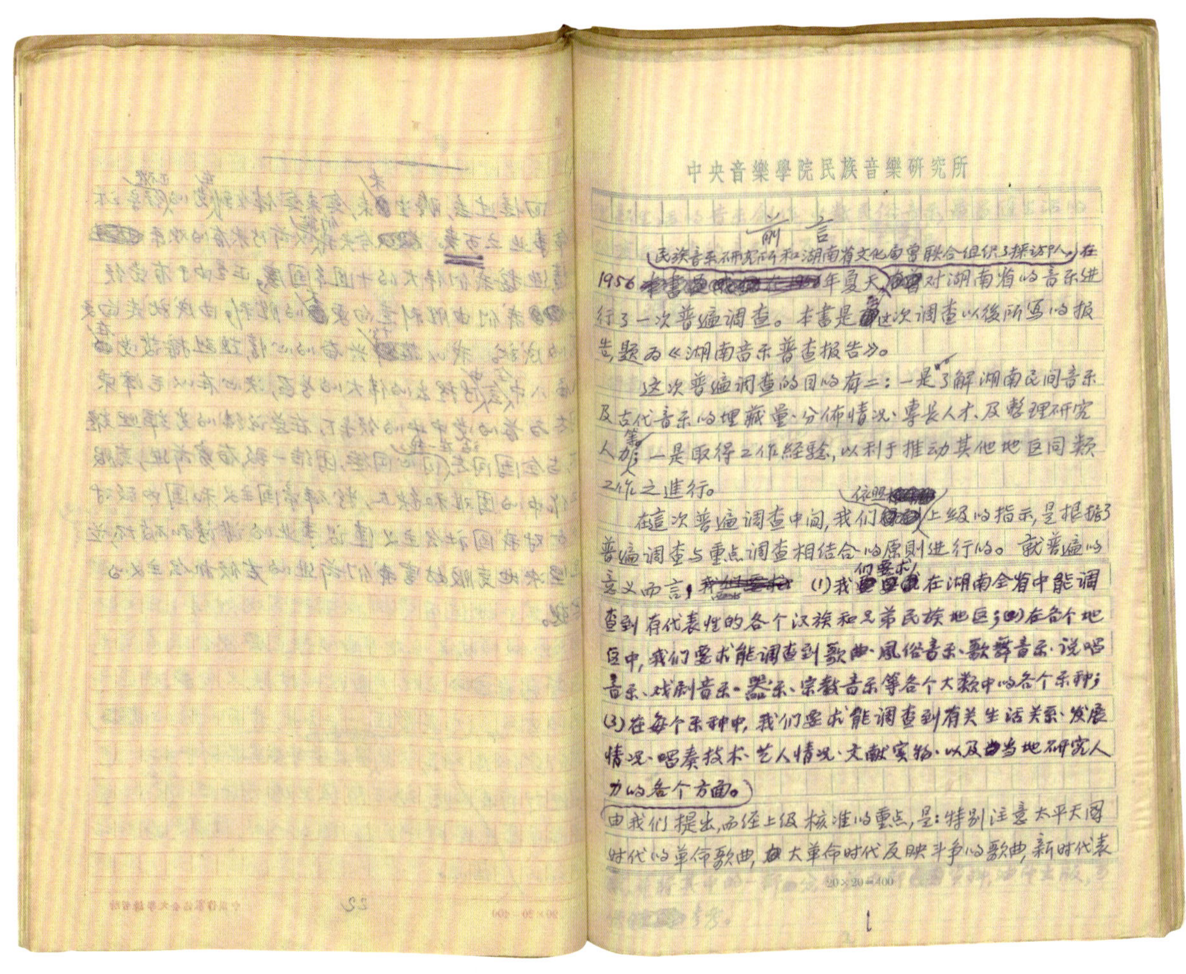
中央音樂學院民族音樂研究所

前言

民族音乐研究所和湖南省文化局曾联合组织了採访队，在1956年夏天对湖南省的音乐进行了一次普遍调查。本書是这次调查以後所写的报告，题为《湖南音乐普查报告》。

这次普遍调查的目的有二：一是了解湖南民间音乐及古代音乐的埋藏量、分佈情况、專長人才及整理研究人力等；一是取得工作經驗，以利于推动其他地区同類工作之進行。

在這次普遍调查中间，我们依照上級的指示，是根据了普遍调查与重点调查相结合的原則进行的。就普遍的意义而言，(1)我们要求在湖南全省中能调查到有代表性的各个汉族和兄弟民族地区；(2)在各个地区中，我们要求能调查到歌曲、風俗音乐、歌舞音乐、说唱音乐、戏剧音乐、器乐、宗教音乐等各个大類中的各个乐种；(3)在每个乐种中，我们要求能调查到有关生活关系、发展情况、唱奏技术、艺人情况、文献实物、以及当地研究人力的各个方面。

由我们提出，而经上级核准的重点，是：特别注意太平天国时代的革命歌曲，大革命时代反映斗争的歌曲，新时代表

20×20=400

1

《湖南音乐普查报告》前言（部分），杨荫浏手稿，26cm × 18cm

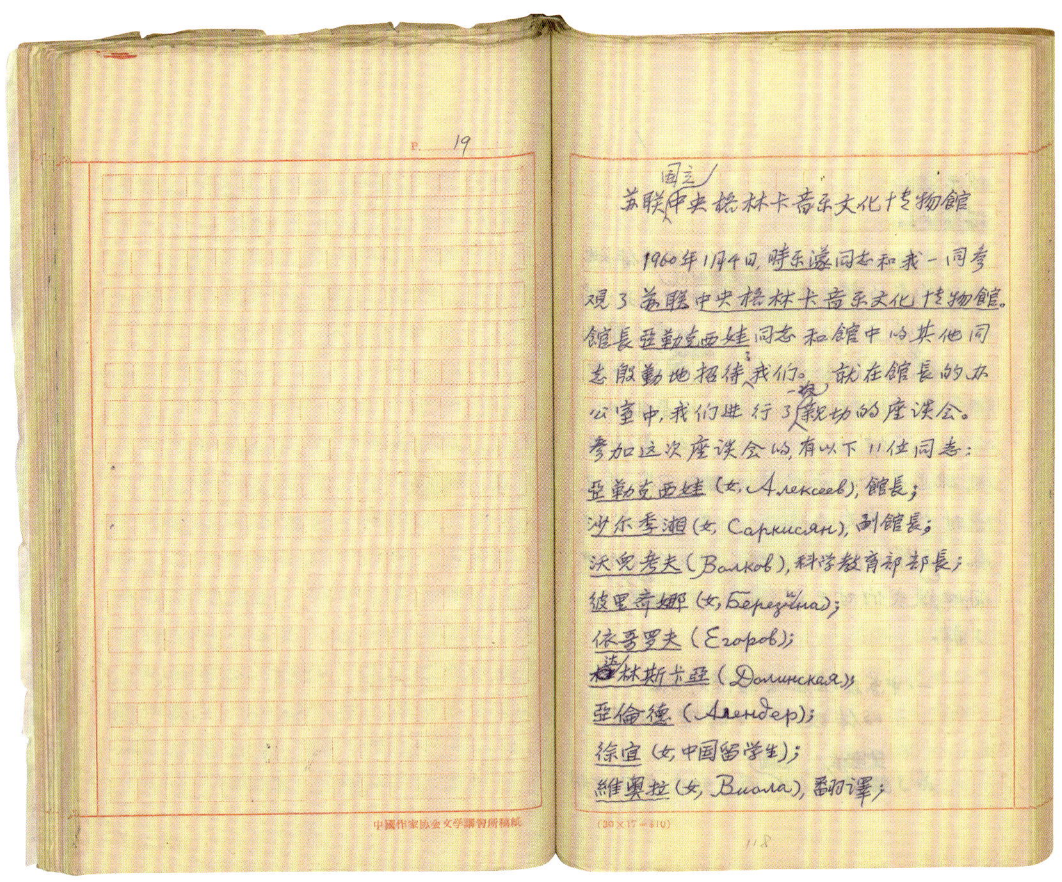
P. 19

中國作家協會文學講習所稿紙

苏联国立中央格林卡音乐文化博物館

1960年1月4日，晓乐涟同志和我一同参观了苏联中央格林卡音乐文化博物館。館長亞勒克西娃同志和館中的其他同志殷勤地招待了我们。就在館長的办公室中，我们进行了一次親切的座谈会。参加这次座谈会的，有以下11位同志：

亞勒克西娃（女，Алексеева），館長；
沙尔季湘（女，Саркисян），副館長；
沃爾考夫（Волков），科学教育部部長；
彼里奇娜（女，Березина）；
依哥罗夫（Егоров）；
達林斯卡亞（Долинская）；
亞倫德（Алендер）；
徐宜（女，中国留学生）；
維奥拉（女，Виола），翻译；

(20×17=340)

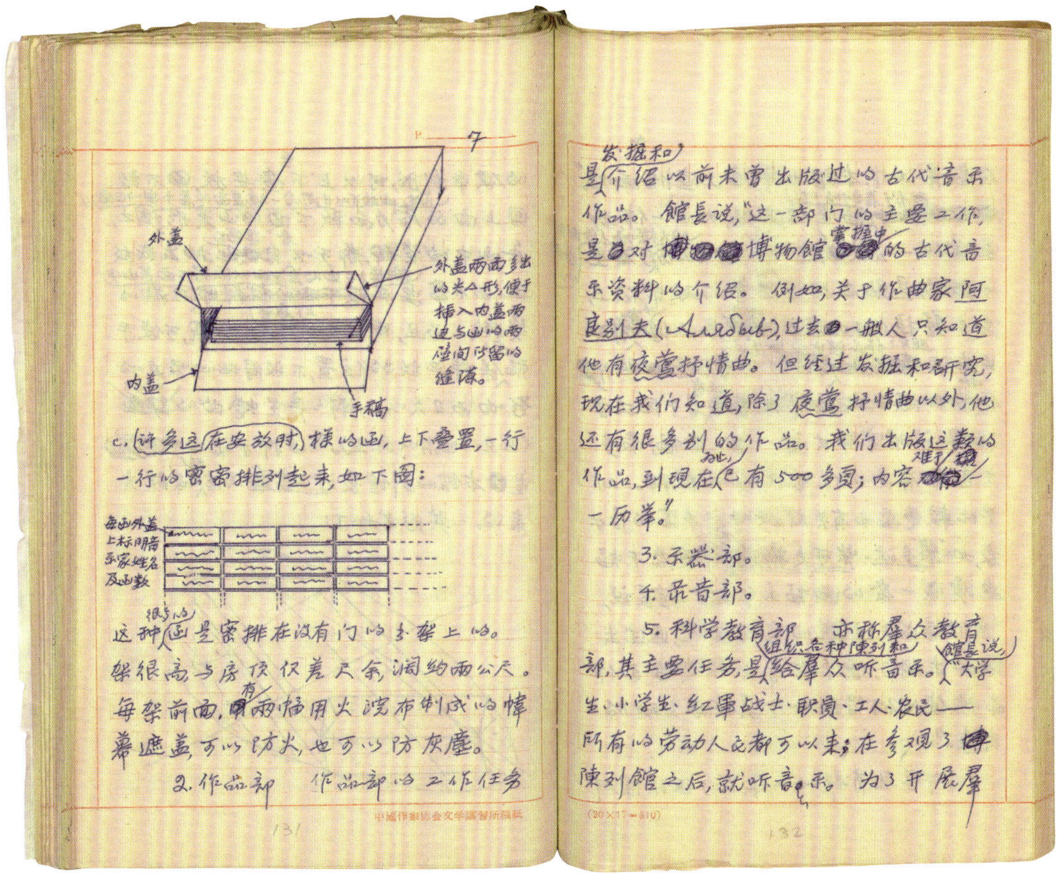
P. 7

c. 许多这样的盒，在安放时，上下叠置，一行一行的密密排列起来，如下图：

这种很多的盒是密排在没有门的书架上的。架很高与房顶仅差尺余，阔约两公尺。每架前面，有两幅用火浣布制成的帷幕遮盖，可以防火，也可以防灰塵。

2. 作品部　作品部的工作任务

中國作家協會文學講習所稿紙

是发掘和介绍以前未曾出版过的古代音乐作品。館長说，"这一部门的主要工作，是对博物館掌握中的古代音乐资料的介绍。例如，关于作曲家阿里亚别夫（Алябьев），过去一般人只知道他有夜鶯抒情曲。但经过发掘和研究，现在我们知道，除了夜鶯抒情曲以外，他还有很多别的作品。我们出版这类的作品，到现在已有500多页；内容难于一一历举。"

3. 乐器部。

4. 录音部。

5. 科学教育部　亦称群众教育部，其主要任务是组织各种陈列和给群众听音乐。館長说，大学生、小学生、红軍战士、职员、工人、农民——所有的劳动人民都可以来；在参观了博物館陈列館之后，就听音乐。为了开展群

(20×17=340)

《苏联国立中央格林卡音乐文化博物馆》（部分），访问记录，杨荫浏手稿，26cm × 18cm

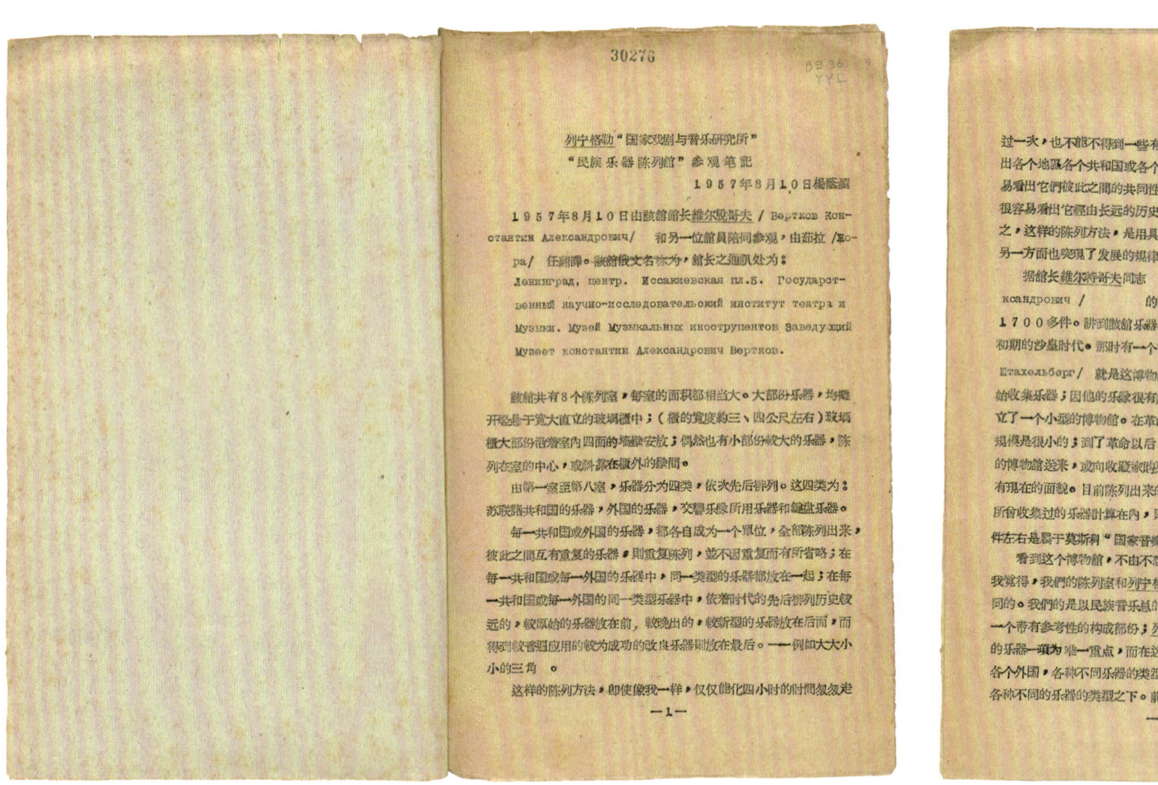

30276

列宁格勒“国家戏剧与音乐研究所”
“民族乐器陈列館”参观笔記

1957年8月10日楊蔭瀏

1957年8月10日由該館館长維尔脫哥夫 / Вертков Константин Александрович/ 和另一位館員陪同参观，由茹拉 /Жора/ 任翻譯。~~該館俄文名称为~~，館长之通訊处为：

Ленинград, центр. Иссакиевская пл.5. Государственный научно-исследовательский институт театра и музыки. Музей Музыкальных инострументов Заведующий Музеет константин Александрович Вертков.

該館共有8个陈列室，每室的面积都相当大。大部份乐器，均攤开懸挂于寬大直立的玻璃櫃中；（櫃的寬度約三、四公尺左右）玻璃櫃大部份沿着室內四面的墻壁安放；偶然也有小部份較大的乐器，陈列在室的中心，或斜靠在櫃外的壁間。

由第一室至第八室，乐器分为四类，依次先后排列。这四类为：苏联諸共和国的乐器，外国的乐器，交響乐隊所用乐器和鍵盘乐器。

每一共和国或外国的乐器，都各自成为一个單位，全部陈列出来，彼此之間互有重复的乐器，則重复陈列，並不因重复而有所省略；在每一共和国或每一外国的乐器中，同一类型的乐器都放在一起；在每一共和国或每一外国的同一类型乐器中，依着时代的先后排列历史較远的，較原始的乐器放在前，較晚出的，較新型的乐器放在后面，而得到較普遍应用的較为成功的改良乐器則放在最后。——例如大大小小的三角 。

这样的陈列方法，即使像我一样，仅仅能化四小时的时間匆匆走

—1—

过一次，也不能不得到一些有益的总的印象。因为在这里
出各个地區各个共和国或各个外国在乐器方面各自的特殊
易看出它們彼此之間的共同性；很容易看出各个乐器的历
很容易看出它經由长远的历史过程，所已走、正走的发展
之，这样的陈列方法，是用具体的乐器，一方面突現了联
另一方面也突現了发展的規律。是值得我們学习的。

据館长維尔特哥夫同志 / Вертков Констан
ксандрович / 的介紹：該館陈列的乐器，目
1700多件。講到該館乐器的来源，他說，这可以追溯
初期的沙皇时代。那时有一个宮廷乐隊，其領导人希塔格
Штахельберг/ 就是这博物館最早的創办人。他从19
始收集乐器；因他的乐隊很有錢，他能向当时的富家收购
立了一个小型的博物館。在革命以前这博物館仅有乐器8
規模是很小的；到了革命以后，得到了党和政府的支持，
的博物館送来，或向收藏家购买，或由私人捐贈，經过逐
有現在的面貌。目前陈列出来的乐器虽只1700多件，
所曾收集过的乐器計算在內，則已不下3500件左右，
件左右是屬于莫斯科“国家音樂文化博物館”的。

看到这个博物館，不由不想到我們民族音乐研究所自已
我覺得，我們的陈列室和列宁格勒的这个博物館，在性質上
同的。我們的是以民族音乐总的发展历史为提綱，而以乐器
一个带有参考性的构成部份；列宁格勒的博物館則是以民族
的乐器一項为唯一重点，而在这范圍以內，以各个地區、各
各个外国，各种不同乐器的类型为綱目，而以历史的发展分
各种不同的乐器的类型之下。前者較多概括性，后者較多专

—2—

《列宁格勒“国家戏剧与音乐研究所”“民族乐器陈列室”参观笔记》，
杨荫浏撰写，1957 年 8 月 10 日，27cm × 19.5cm

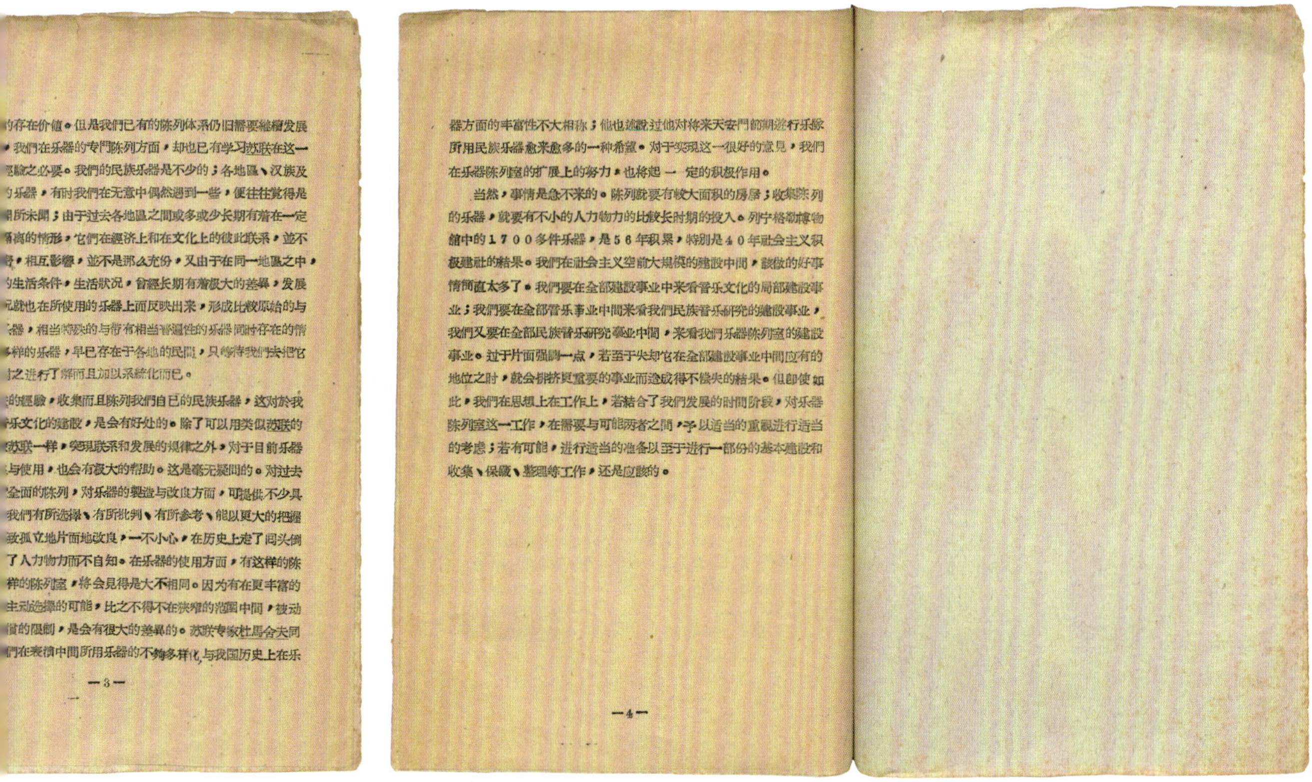

的存在价值。但是我們已有的陈列体系仍旧需要継續发展
，我們在乐器的专門陈列方面，却也已有学习苏联在这一
經驗之必要。我們的民族乐器是不少的；各地區、汉族及
的乐器，有时我們在无意中偶然遇到一些，便往往覚得是
聞所未聞；由于过去各地區之間或多或少长期有着在一定
隔离的情形，它們在經济上和在文化上的彼此联系，並不
繁，相互影響，並不是那么充份，又由于在同一地區之中，
的生活条件，生活狀况，曾經長期有着很大的差異，发展
况就也在所使用的乐器上面反映出来，形成比較原始的与
乐器，相当特殊的与带有相当普遍性的乐器同时存在的情
多样的乐器，早已存在于各地的民間，只等待我們去把它
对之进行了解而且加以系統化而已。

的經驗，收集而且陈列我們自已的民族乐器，这对於我
音乐文化的建設，是会有好处的。除了可以用类似苏联的
苏联一样，发現联系和发展的規律之外，对于目前乐器
与使用，也会有很大的帮助。这是毫无疑問的。对过去
全面的陈列，对乐器的製造与改良方面，可提供不少具
我們有所选擇、有所批判、有所参考、能以更大的把握
致孤立地片面地改良，一不小心，在历史上走了回头倒
了人力物力而不自知。在乐器的使用方面，有这样的陈
样的陈列室，将会見得是大不相同。因为有在更丰富的
主动选擇的可能，比之不得不在狭窄的范圍中間，被动
樣的限制，是会有很大的差異的。苏联专家杜馬舍夫同
們在表演中間所用乐器的不夠多样化，与我国历史上在乐

器方面的丰富性不大相称；他也談說过他对将来天安門節期遊行乐隊所用民族乐器愈来愈多的一种希望。对于实現这一很好的意見，我們在乐器陈列室的扩展上的努力，也将起一定的积极作用。

当然，事情是急不来的。陈列就要有較大面积的房屋；收集陈列的乐器，就要有不小的人力物力的比較长时期的投入。列宁格勒博物館中的１７００多件乐器，是５６年积累，特别是４０年社会主义积极建社的結果。我們在社会主义空前大規模的建設中間，該做的好事情簡直太多了。我們要在全部建設事业中来看音乐文化的局部建設事业；我們要在全部音乐事业中間来看我們民族音乐研究的建設事业，我們又要在全部民族音乐研究事业中間，来看我們乐器陈列室的建設事业。过于片面强調一点，若至于失却它在全部建設事业中間应有的地位之时，就会排挤更重要的事业而造成得不償失的結果。但即使如此，我們在思想上在工作上，若結合了我們发展的时間阶段，对乐器陈列室这一工作，在需要与可能两者之間，予以适当的重視进行适当的考慮；若有可能，进行适当的准备以至于进行一部份的基本建設和收集、保藏、整理等工作，还是应該的。

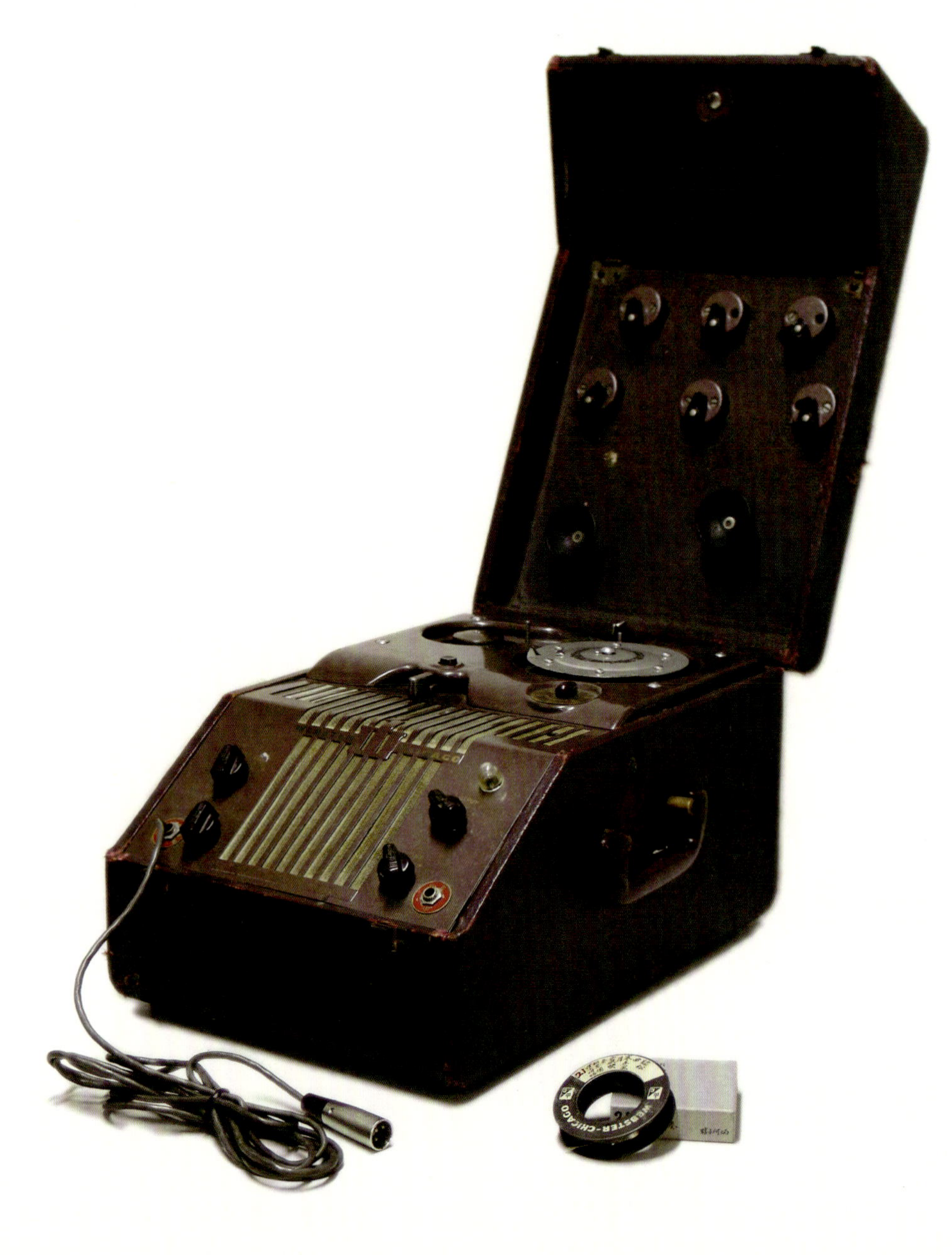

杨荫浏采录《二泉映月》等传统音乐的钢丝录音机、钢丝录音带

杨荫浏抢救录制阿炳《二泉映月》等六首传世乐曲的钢丝录音带（上）

《瞎子阿炳曲集》书影，杨荫浏、曹安和、储师竹合编，音乐出版社 1956 年版（下）

1961 年，杨荫浏与曹安和做学术研究

二 妙手绘图制表

◆ 各类音律图表

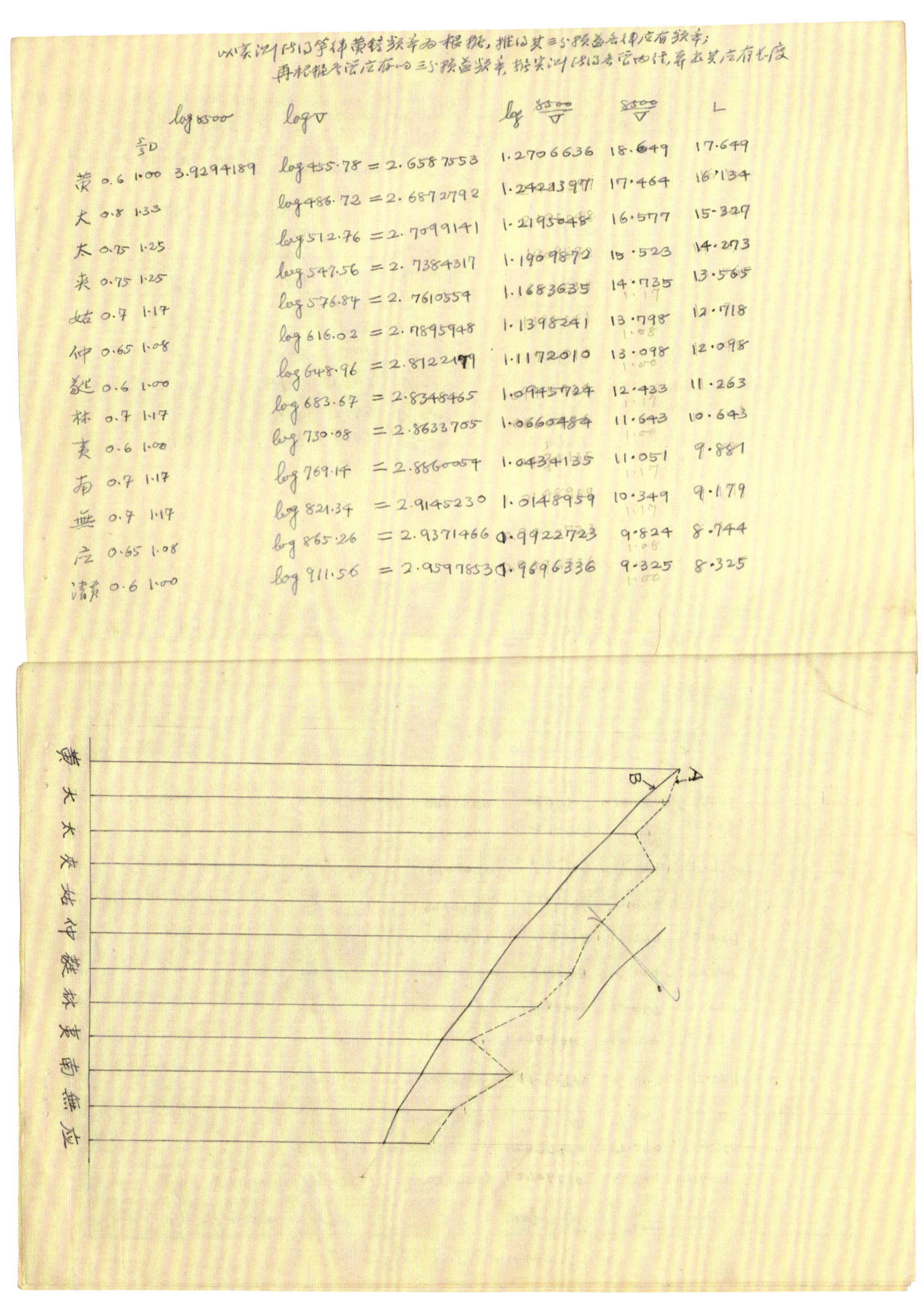

以实测所得管律黄钟频率为根据，推得其三分损益各律应有频率；
再根据各律应有的三分损益频率，按实测所得各管内径，算出其应有长度

		$\frac{5}{3}D$	log8500	log v	log $\frac{8500}{v}$	$\frac{8500}{v}$	L
黄	0.6	1.00	3.9294189	log455.78 = 2.6587553	1.2706636	18.649	17.649
大	0.8	1.33		log486.72 = 2.6872792	1.2421397	17.464	16.134
太	0.75	1.25		log512.76 = 2.7099141	1.2195048	16.577	15.327
夹	0.75	1.25		log547.56 = 2.7384317	1.1909872	15.523	14.273
姑	0.7	1.17		log576.84 = 2.7610554	1.1683635	14.735	13.565
仲	0.65	1.08		log616.02 = 2.7895948	1.1398241	13.798	12.718
蕤	0.6	1.00		log648.96 = 2.8122179	1.1172010	13.098	12.098
林	0.7	1.17		log683.67 = 2.8348465	1.0945724	12.433	11.263
夷	0.6	1.00		log730.08 = 2.8633705	1.0660484	11.643	10.643
南	0.7	1.17		log769.14 = 2.8860054	1.0434135	11.051	9.881
無	0.7	1.17		log821.34 = 2.9145230	1.0148959	10.349	9.179
应	0.65	1.08		log865.26 = 2.9371466	0.9922723	9.824	8.744
清黄	0.6	1.00		log911.56 = 2.9597853	0.9696336	9.325	8.325

竽笙音律图表（部分），杨荫浏手稿，19cm × 26.8cm

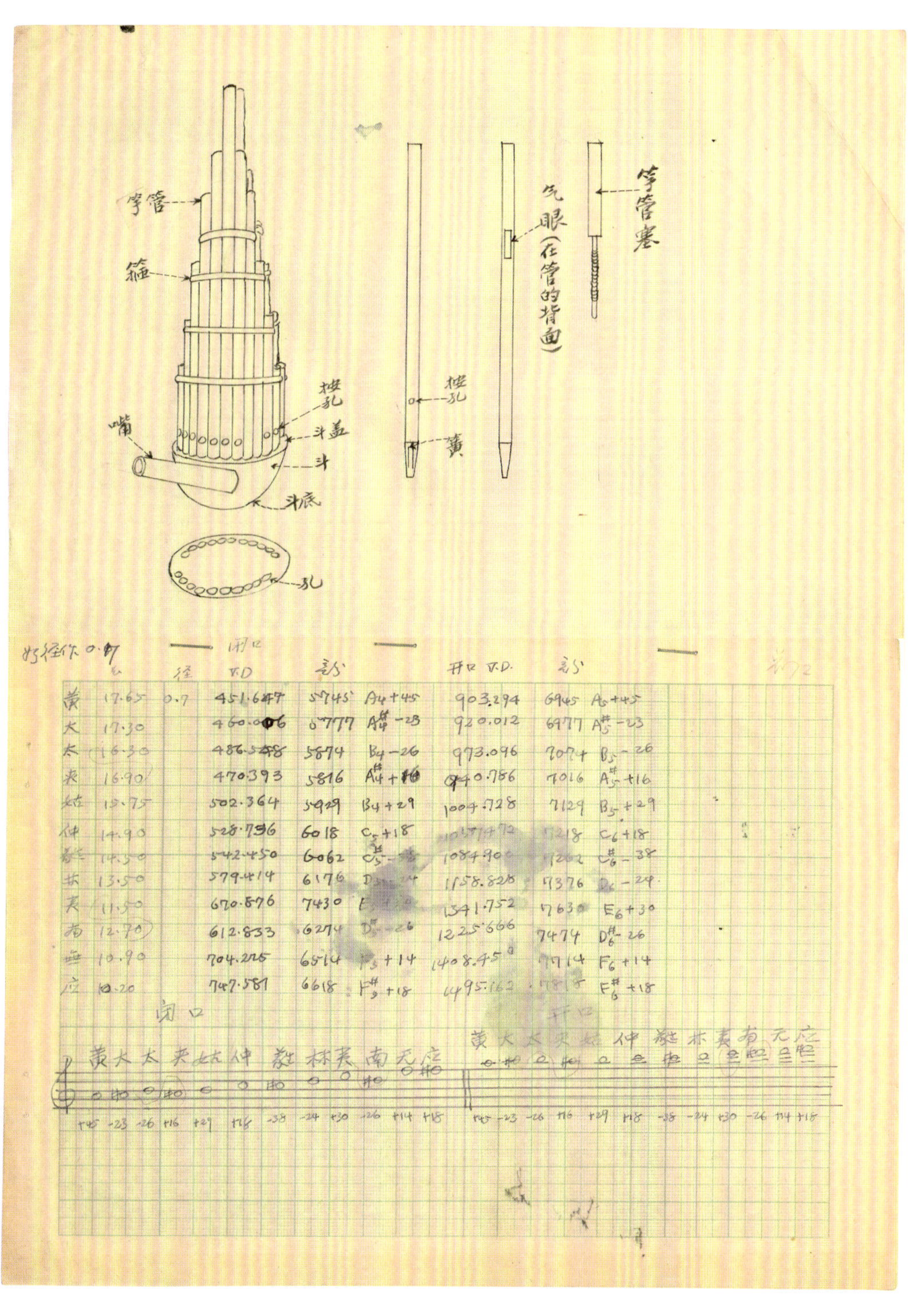

内径作0.7

	长	径	闭口 V.D	音分		开口 V.D.	音分	
黄	17.65	0.7	451.647	5745	A_4+45	903.294	6945	A_5+45
大	17.30		460.006	5777	$A^{\#}_4-23$	920.012	6977	$A^{\#}_5-23$
太	16.30		486.548	5874	B_4-26	973.096	7074	B_5-26
夹	16.90		470.393	5816	$A^{\#}_4+16$	940.786	7016	$A^{\#}_5+16$
姑	15.75		502.364	5929	B_4+29	1004.728	7129	B_5+29
仲	14.90		528.796	6018	C_5+18	[illegible]	7218	C_6+18
蕤	14.50		542.450	6062	$C^{\#}_5$ [illegible]	1084.900	7262	$C^{\#}_6-38$
林	13.50		579.414	6176	[illegible]	1158.828	7376	D_6-24
夷	11.50		670.876	7430	[illegible]	1341.752	7630	E_6+30
南	12.70		612.833	6274	$D^{\#}_5-26$	1225.666	7474	$D^{\#}_6-26$
无	10.90		704.225	6514	F_5+14	1408.450	7714	F_6+14
应	10.20		747.581	6618	$F^{\#}_5+18$	1495.162	7818	$F^{\#}_6+18$

十二平均律與七平均律之比較

十二平均律	十二平均律之音	七平均律之音	七平均律	七平均律之音的音分值	4、7二音應有的位置
1.00000	1	1	1.00000		1
0.94387					
		2	0.90572	171.4	
0.89090	2				2
0.84090					
		3	0.82034	342.9	
0.79370	3				3
0.74915	4	4	0.74300	514.3	
0.70711					4
0.66742	5	5	0.67295	685.7	5
0.62996					
		6	0.60951	857.1	
0.59460	6				6
0.56123					
		7	0.55204	1028.6	
0.52973	7				7
0.50000	1̇	1̇	0.50000	1200.0	1̇

十二平均律与七平均律之比较，杨荫浏制

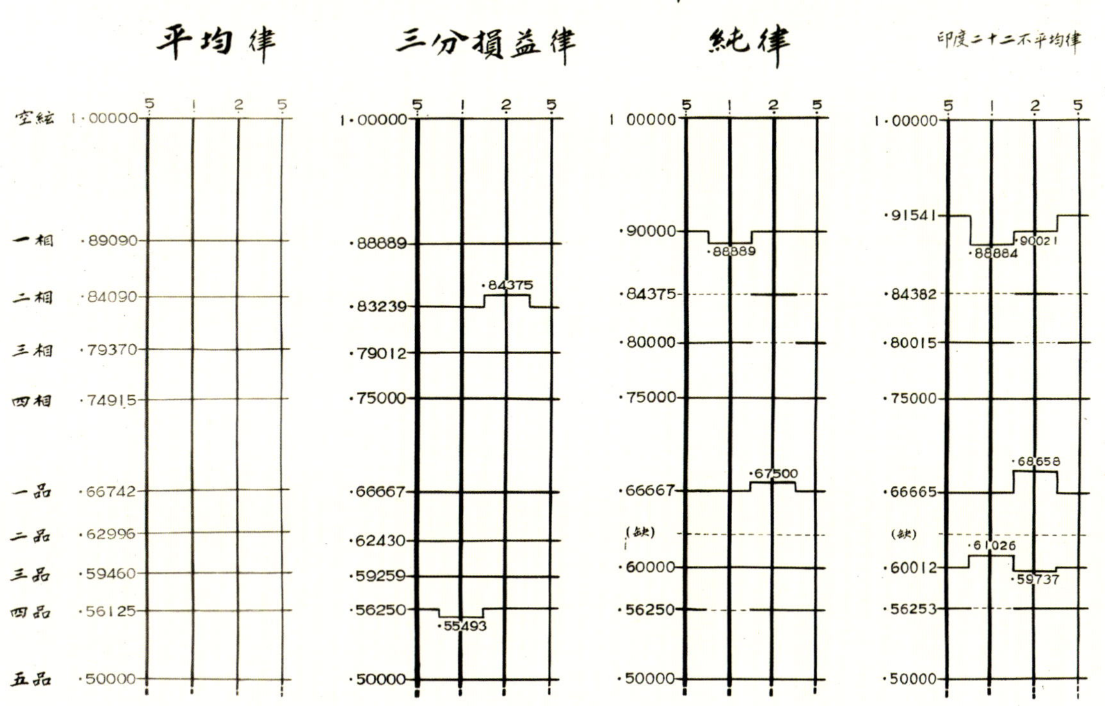

在琵琶柱位上四种律制的比较，杨荫浏 1961 年 12 月制

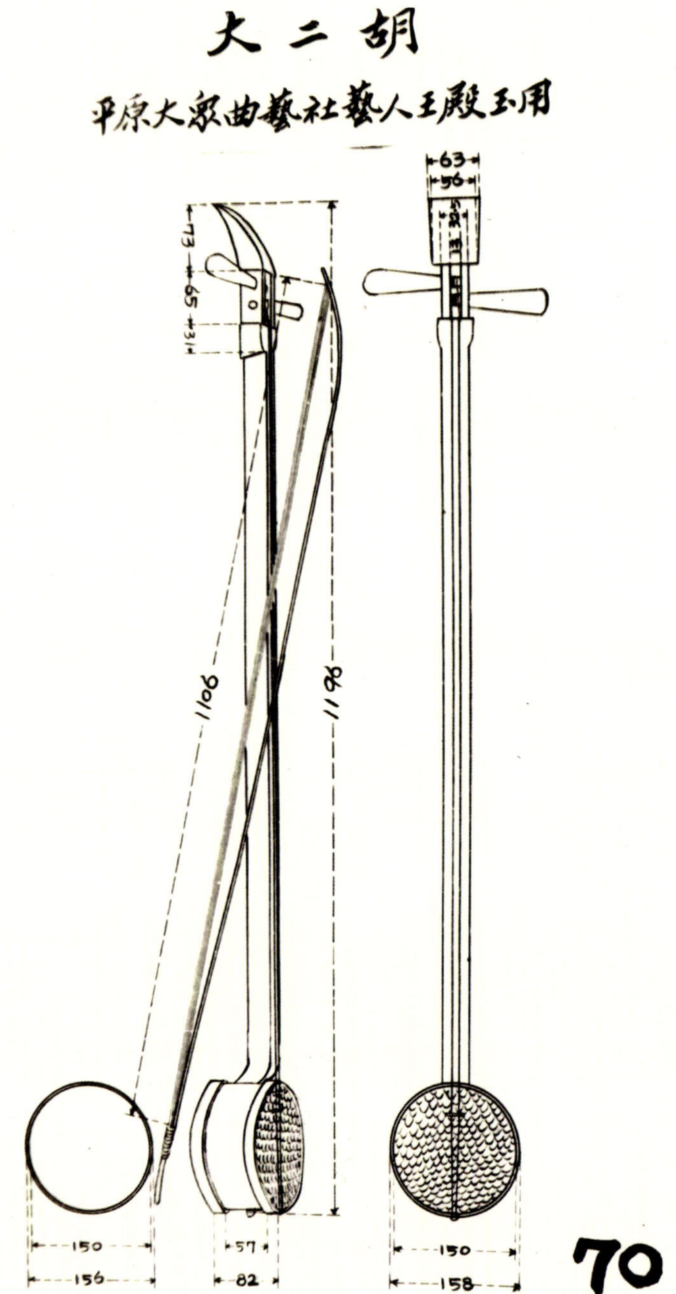

大二胡— 紅木桿;銅製鼓頭,面張蟒皮;絃用老弦中弦. 定弦為

大二胡线描图及乐器说明，杨荫浏制

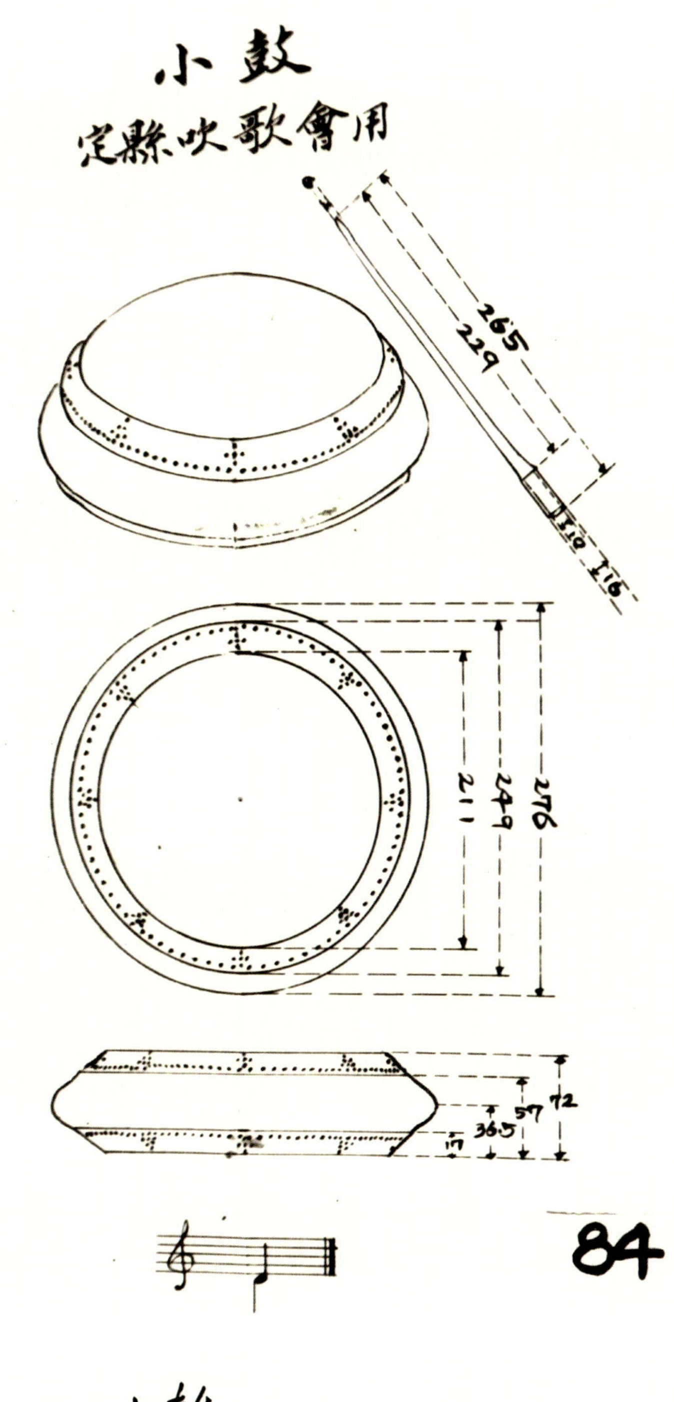

小鼓

民间敲擊樂器．木框，兩面蒙皮，用單槌敲擊．冀中吹歌会所用；稱[illegible]為小鼓．

定县吹歌会小鼓线描图及乐器说明，杨荫浏制

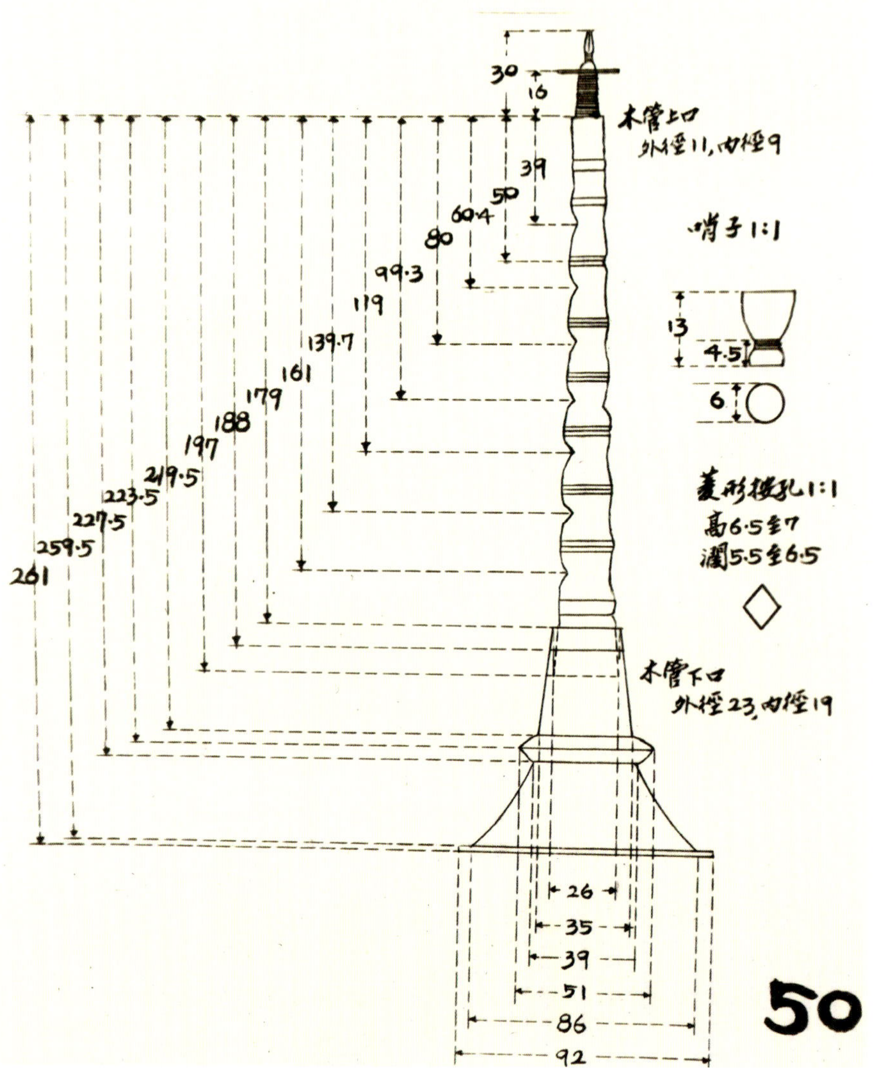
海笛
30
16
木管上口
外徑11，内徑9
39
50
60.4
80
99.3
119
139.7
161
179
188
197
219.5
223.5
227.5
259.5
261
哨子1:1
13
4.5
6
菱形按孔1:1
高6.5至7
濶5.5至6.5
木管下口
外徑23，内徑19
26
35
39
51
86
92
50

海笛线描图，杨荫浏制

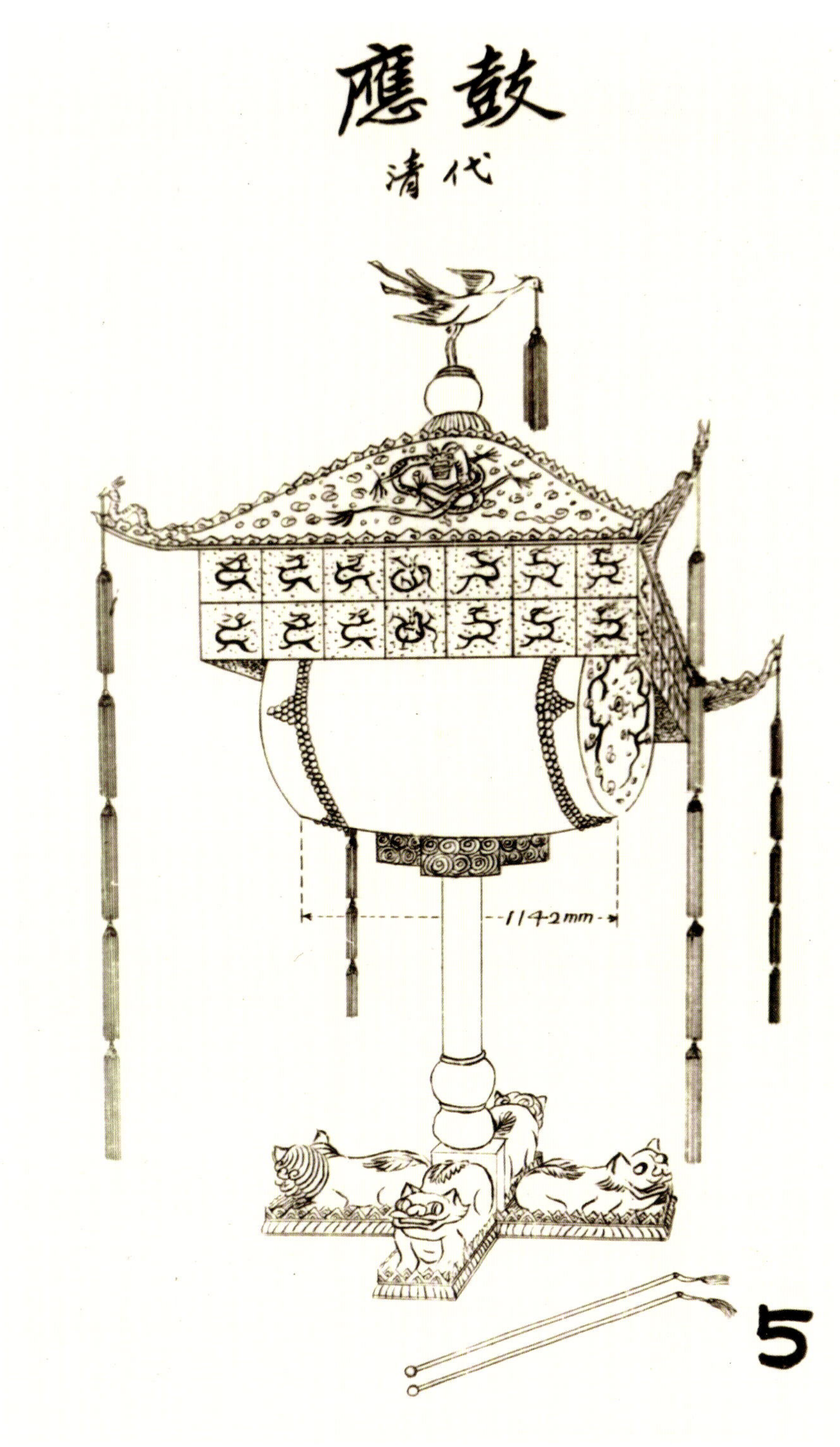

清代应鼓线描图，杨荫浏制

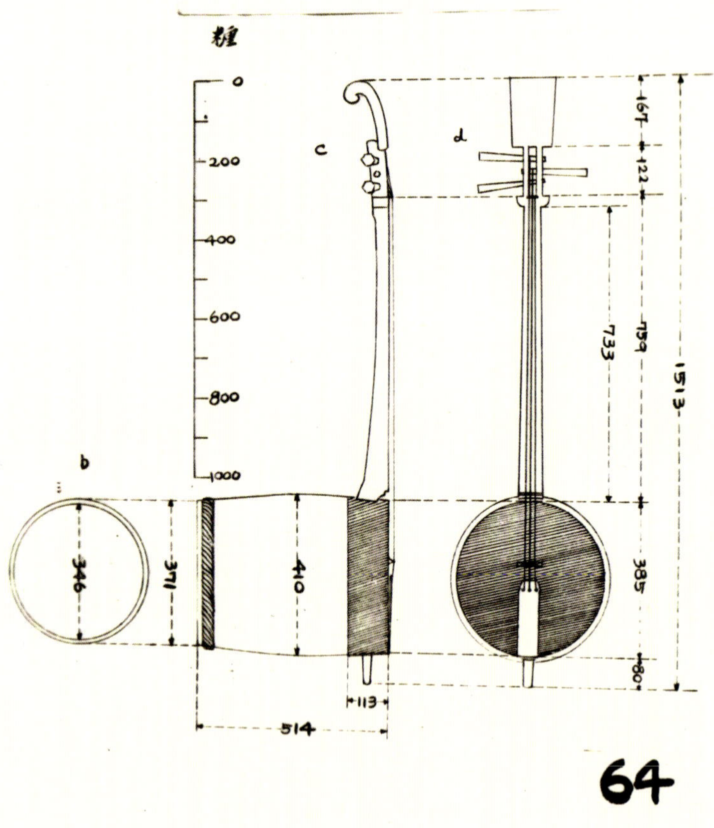

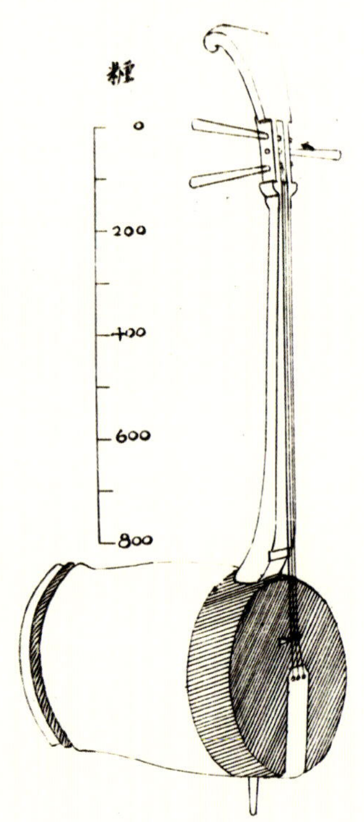

大三絃 — 雲南阿西族所用樂器。鼓頭成圓桶形，後端用竹箍緊，前端蒙牛皮。絃之下端繫於鋼皮製成之轉軸上。 a. 斜面。

大三絃线描图，杨荫浏制

大三弦 — 空弦散音定為：

彈時用撥。

阿西族称此为石三弦。

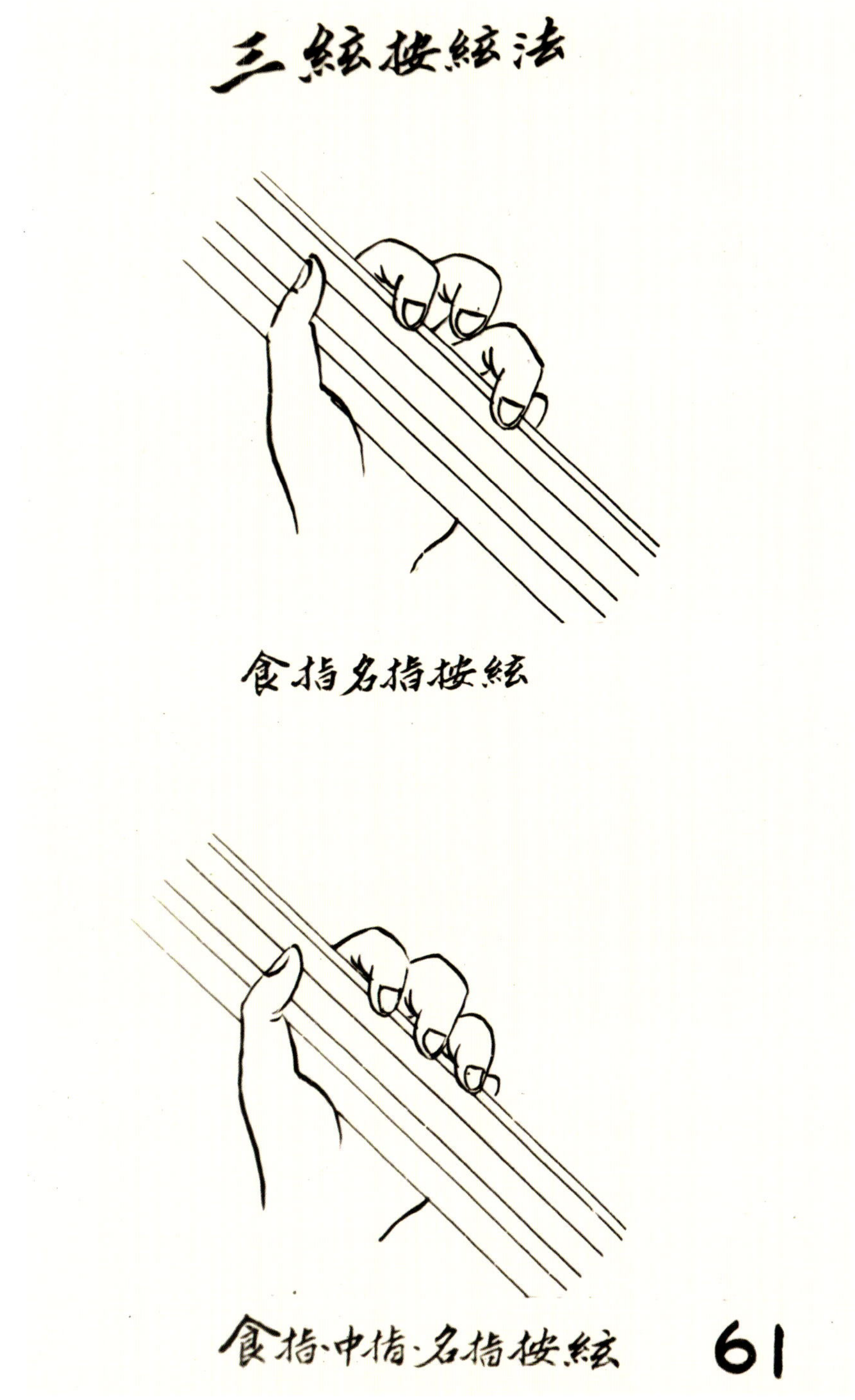

三弦按弦法线描图，杨荫浏制

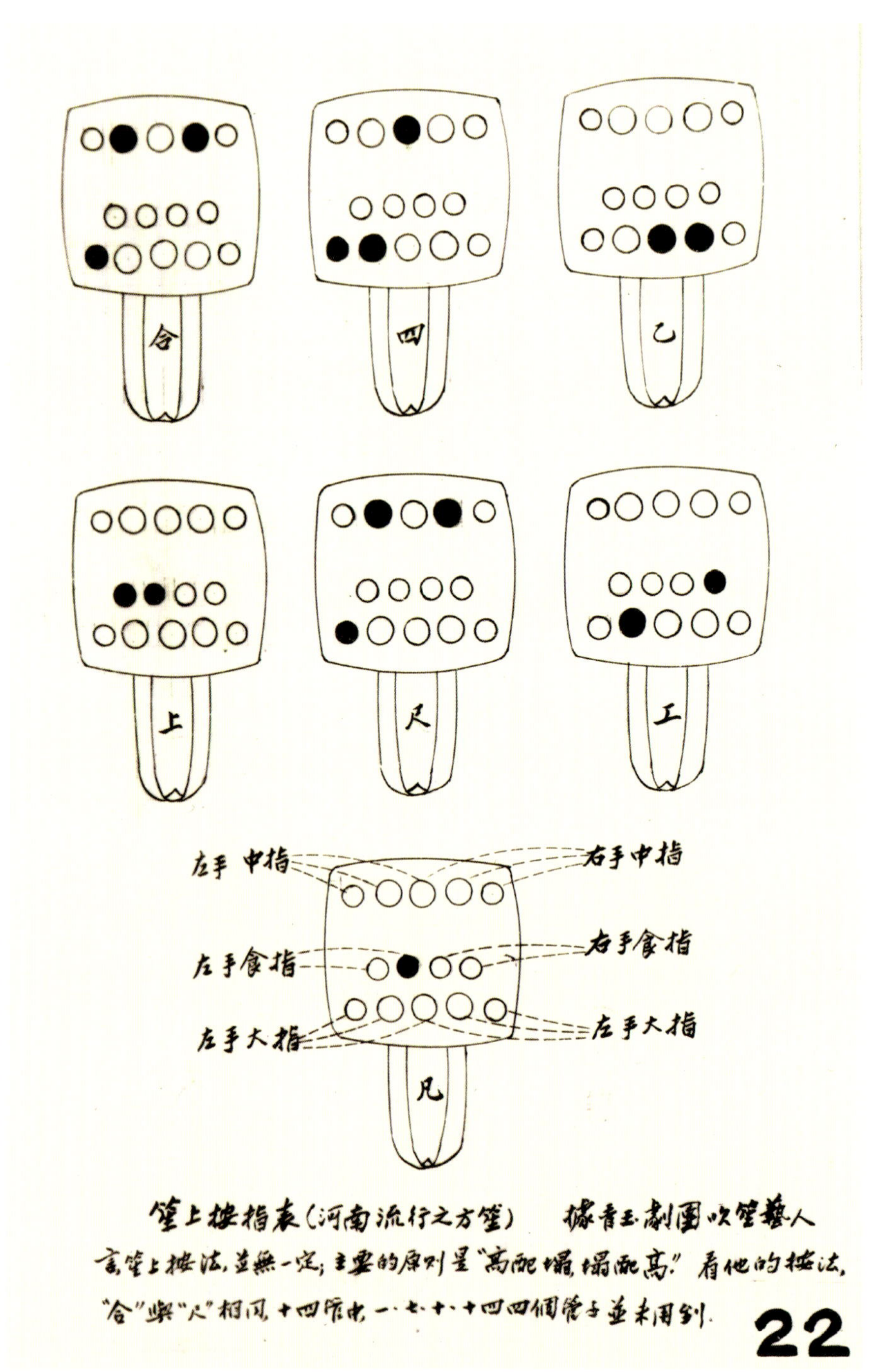

笙上按指表（河南流行方笙），杨荫浏制

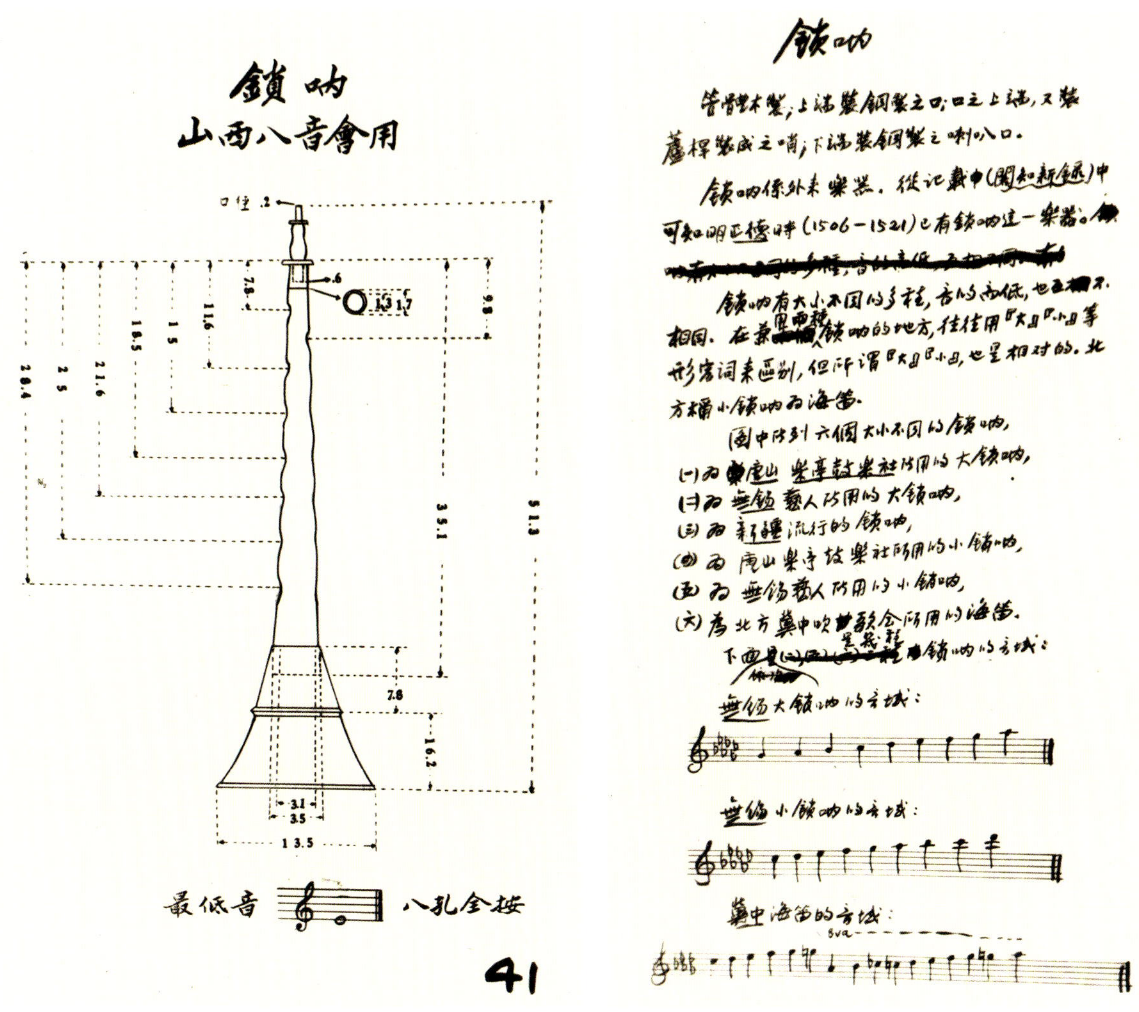

鎖吶

管體木製，上端裝銅製之口；口之上端，又裝蘆桿製成之哨；下端裝銅製之喇叭口。

鎖吶係外來樂器，從記載中（關知新錄）中可知明正德時（1506—1521）已有鎖吶這一樂器。

鎖吶有大小不同的多種，音的高低，也不相同。在兼用兩種鎖吶的地方，往往用「大」「小」等形容詞來區別，但所謂「大」「小」，也是相對的。北方稱小鎖吶為海笛。

圖中所列六個大小不同的鎖吶，

（一）為唐山樂亭鼓樂社所用的大鎖吶，

（二）為無錫藝人所用的大鎖吶，

（三）為新疆流行的鎖吶，

（四）為唐山樂亭鼓樂社所用的小鎖吶，

（五）為無錫藝人所用的小鎖吶，

（六）為北方冀中吹歌會所用的海笛。

下面是幾種鎖吶的音域：

無錫大鎖吶的音域：

無錫小鎖吶的音域：

冀中海笛的音域：

山西八音会用唢呐线描图及乐器说明，杨荫浏制

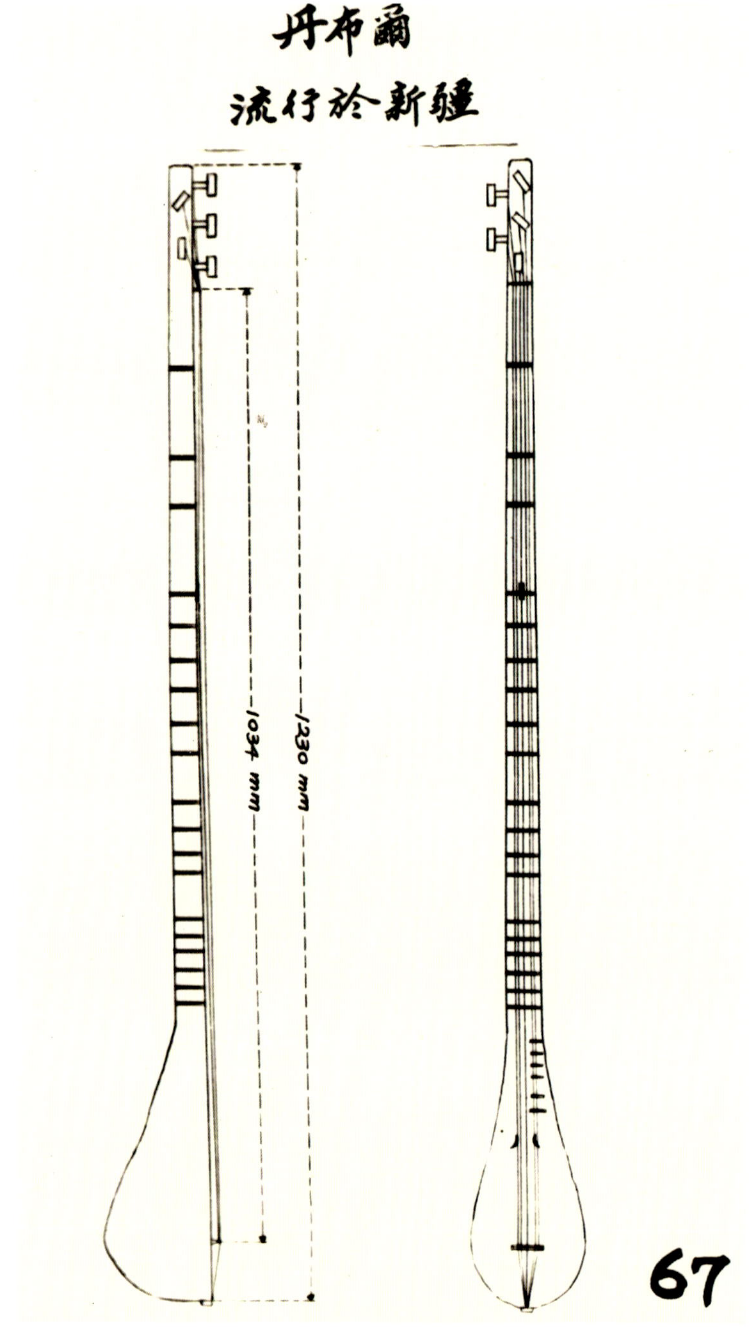

丹布尔线描图，杨荫浏制

丹布爾（Tanbor）

丹布爾——新疆维吾尔五弦乐器，木质，镶骨角，钢弦。共五弦，中间一弦用腰马，内二弦及外二弦均同音，大空弦为：

其音域为：

清准部乐中已有此器，当时名称为楝布喇。

丹布尔乐器介绍，杨荫浏制

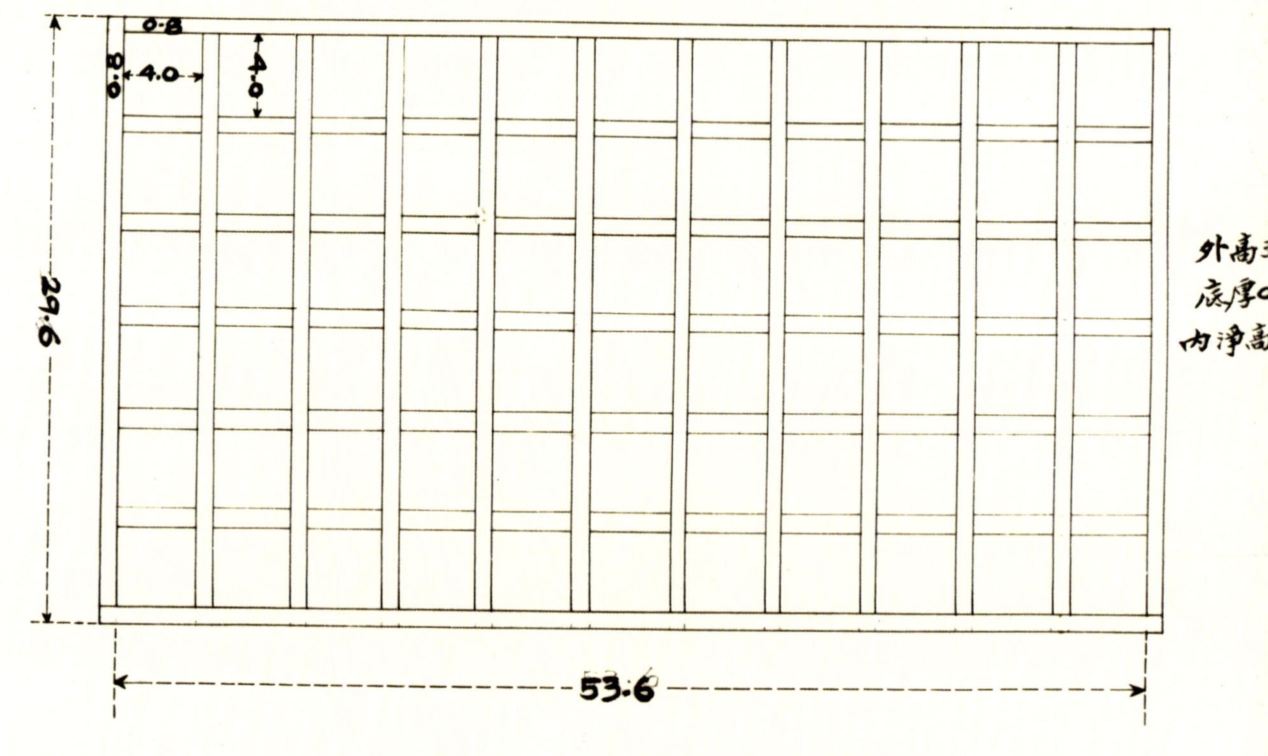

大卡片柜大抽屉中之方格盘式样，杨荫浏制

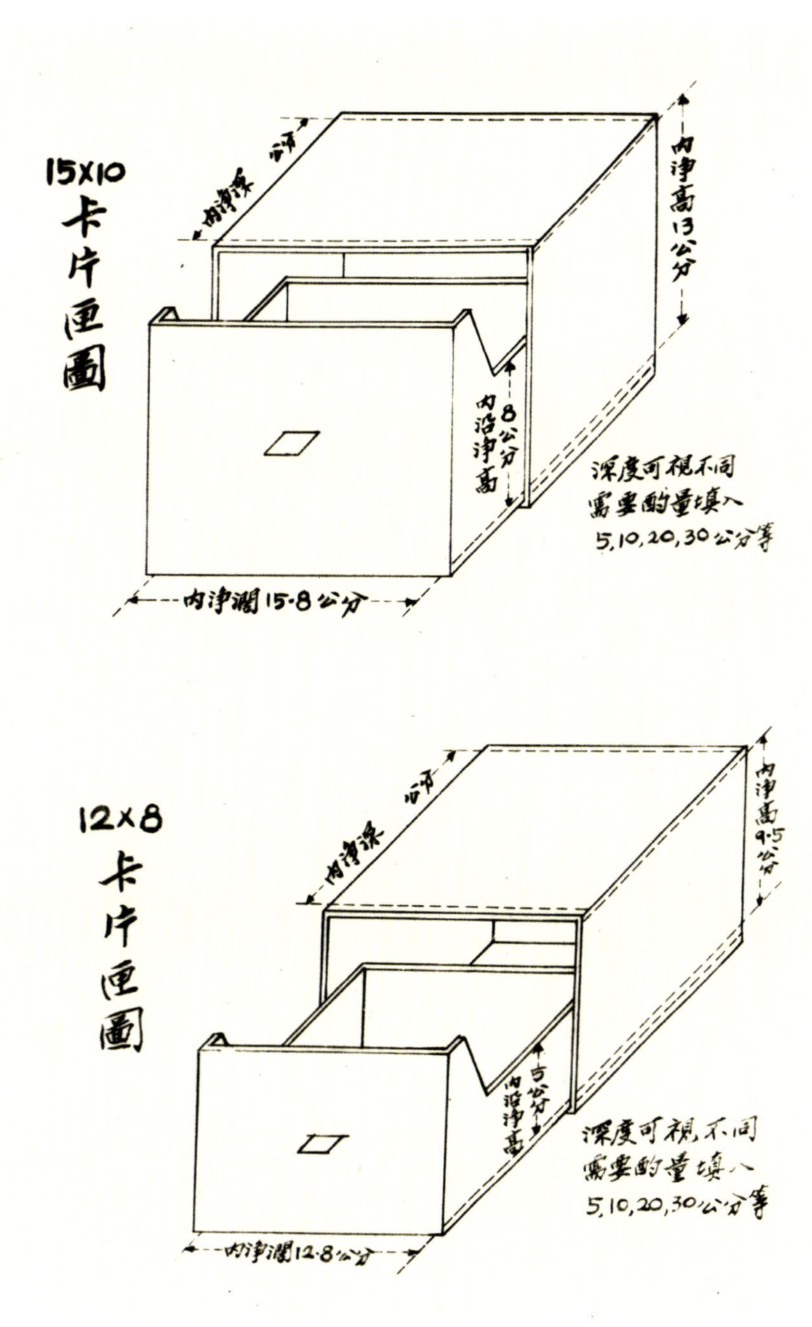
15X10
卡片匣圖
内净深 公分
内净高13公分
8公分
内沿净高
深度可視不同
需要酌量填入
5,10,20,30公分等
内净濶15·8公分
12X8
卡片匣圖
内净深 公分
内净高9·5公分
公分
内沿净高
深度可視不同
需要酌量填入
5,10,20,30公分等
内净濶12·8公分

卡片匣图（两种），杨荫浏制

12X8小卡片櫃圖

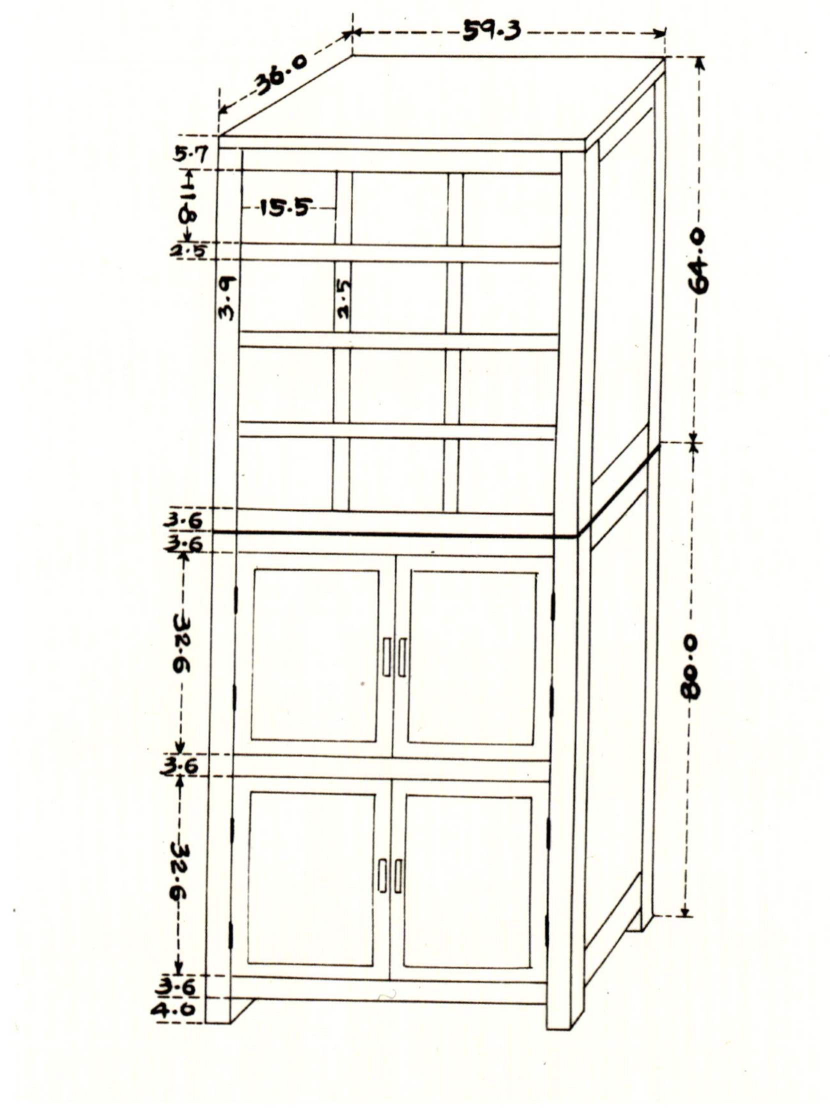

小卡片柜图，杨荫浏制

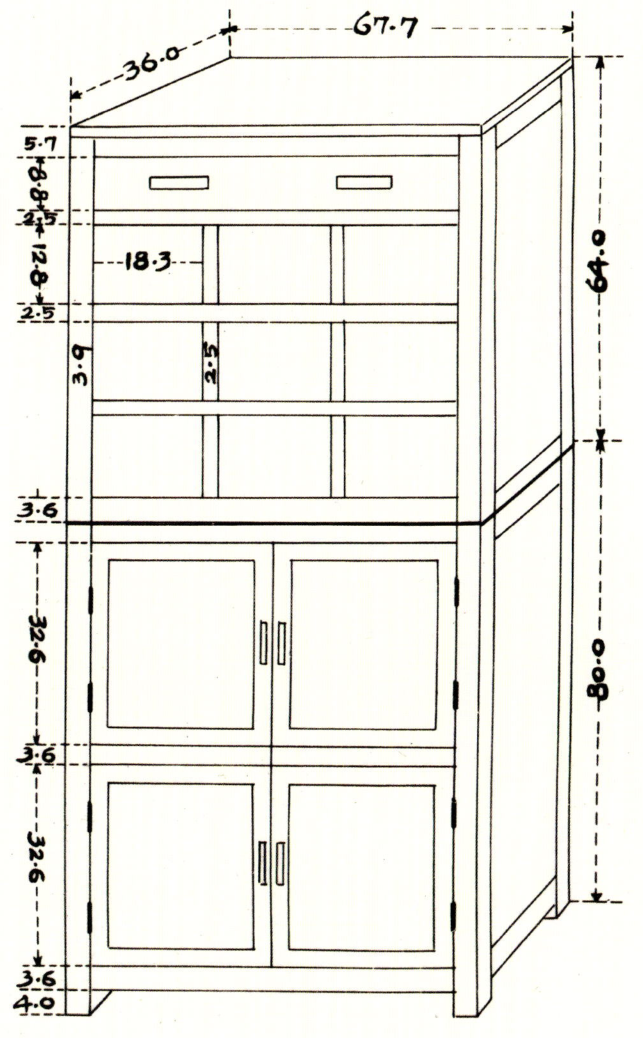
15X10大卡片櫃圖
67.7
36.0
5.7
8.8
2.5
12.8
18.3
2.5
3.9
2.5
64.0
3.6
32.6
80.0
3.6
32.6
3.6
4.0

大卡片柜图，杨荫浏制

15X10大卡片櫃中之大抽屜

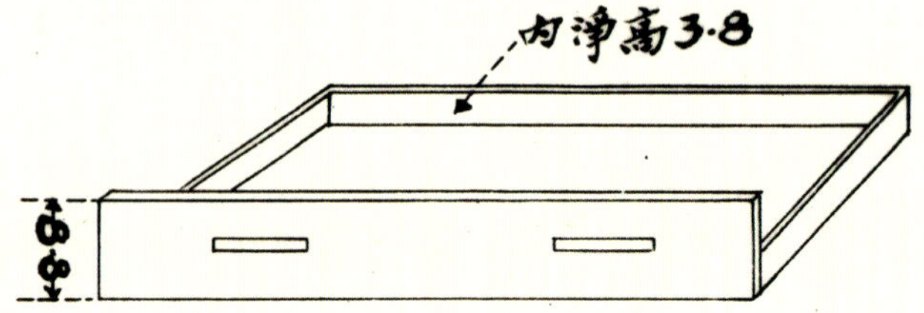

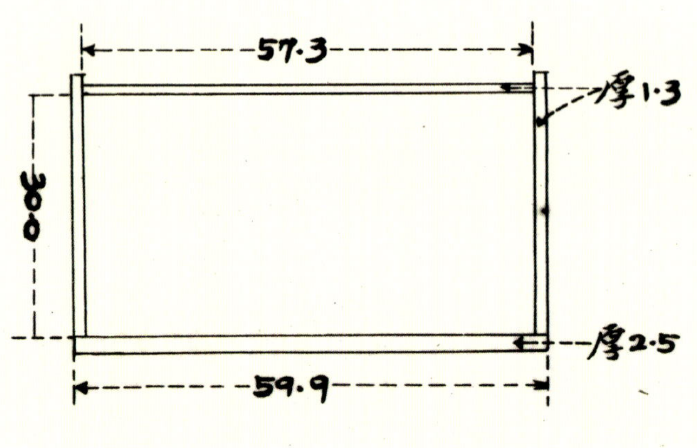

大卡片柜中之大抽屉图，杨荫浏制

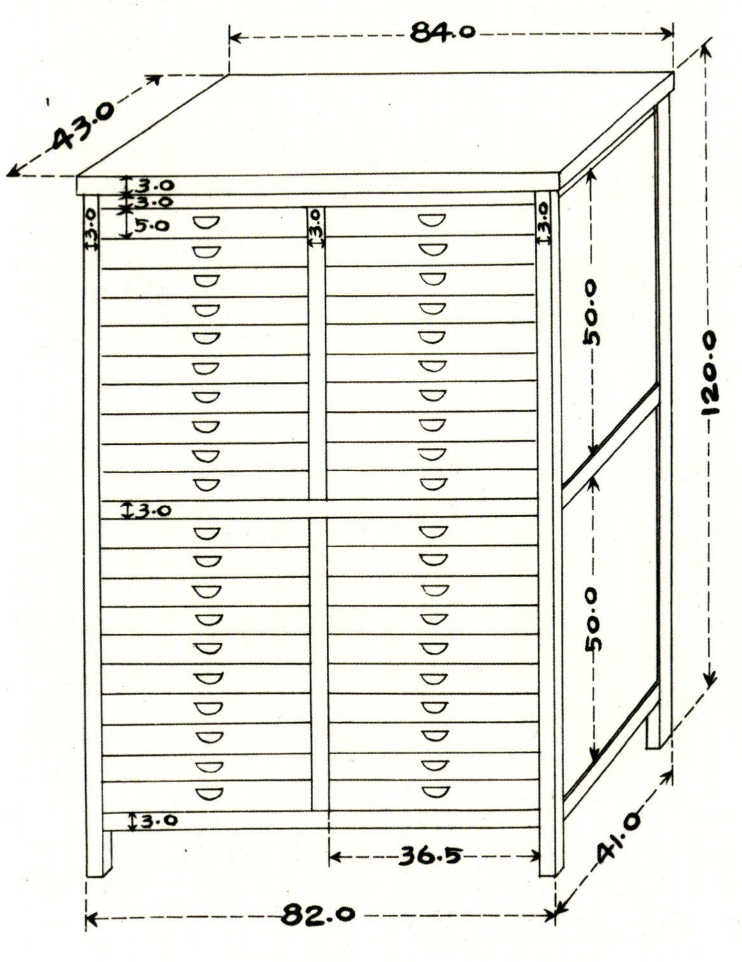

唱片柜图，杨荫浏制

唱片抽屜式樣

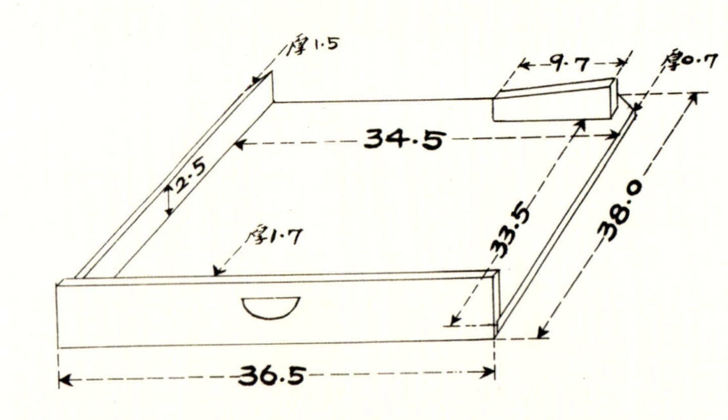

唱片抽屉式样，杨荫浏制

不同溫度下顯影時間的改變

溫度		百分比	溫度		百分比
12	·0	230 %	20	·0	100%
	·5	220 %		·5	95%
13	·0	210 %	21	·0	90 %
	·5	200 %		·5	85 %
14	·0	190 %	22	·0	80 %
	·5	180 %		·5	75 %
15	·0	170 %	23	·0	70 %
	·5	160 %		·5	67 %
16	·0	150 %	24	·0	63 %
	·5	145 %		·5	60 %
17	·0	140 %	25	·0	57 %
	·5	130 %		·5	53 %
18	·0	120 %	26	·0	50 %
	·5	115 %		·5	48 %
19	·0	110 %	27	·0	46 %
	·5	105 %		·5	

不同温度下显影时间的改变，杨荫浏制

加長鏡頭焦距翻攝時須加曝光時間表

所加焦距長度	攝幅長度	f2鏡頭之新f值	曝光倍數
15	120	2.6	1.69
20	90	2.8	1.96
25	72	3.0	2.25
30	64	3.2	2.56
35	52	3.4	2.89
40	46	3.6	3.24
45	38	3.8	3.60
50	**36**	**4.0**	**4.00**
55	33	4.2	4.41
60	30	4.4	4.84
65	28	4.6	5.29
70	26	4.8	5.76
75	24	5.0	6.25
80	22	5.2	6.76
85	21	5.4	7.29
90	20	5.6	7.84
95	19	5.8	8.41
100	**18**	**6.0**	**9.00**

加长镜头焦距翻摄时须加曝光时间表，杨荫浏制

在焦距 5cm. 像機上應用接圈時
所引起的攝幅大小上的變化
（單位 mm.）

加圈長度	用無限遠距離尺標			用最近距離尺標		
	攝幅長度	底片當攝幅之倍數	攝幅當底片之倍數	攝幅長度	底片當攝幅之倍數	攝幅當底片之倍數
15	120	.3	3.3	90	.4	2.5
20	90	.4	2.5	78	.5	2.2
25	72	.5	2.0	60	.6	1.6
30	64	.6	1.8	54	.7	1.5
35	52	.7	1.5	45	.8	1.3
40	46	.8	1.3	42	.9	1.2
45	38	.9	1.1	**36**	**1.0**	**1.0**
50	**36**	**1.0**	**1.0**	34	1.1	.9
55	33	1.1	1.0	31	1.2	.9
60	30	1.2	.9	29	1.3	.8
65	28	1.3	.8	27	1.4	.8
70	26	1.4	.7	24	1.5	.7
75	24	1.5	.7	22	1.6	.6
80	22	1.6	.6	21	1.7	.6
85	21	1.7	.6	20	1.8	.6
90	20	1.8	.5	19	1.9	.5
95	19	1.9	.5	**18**	**2.0**	**.5**
100	**18**	**2.0**	**.5**	17	2.1	.5

在焦距 5cm 像（相）机上应用接圈时所引起的摄幅大小上的变化，杨荫浏制

照像底片速度换算表

Asa	Гост	Weston	Din
4	4	3	7
5	5.5	4	8
6	6.5	5	9
8	8	6	10
10	11	8	11
12	13	10	12
16	16	12	13
20	22	16	14
25	26	20	15
32	32	25	16
40	44	32	17
50	45	40	18
64	65	50	19
80	88	64	20
100	90	80	21
125	130	100	22
160	170	125	23
200	220	160	24
250	260	200	25

照像（相）底片速度换算表，杨荫浏制

不同顯影液在不同溫度下所需沖洗時間表

溫度		D23	D72	D76	溫度		D23	D72	D76
12	·0	44	7·5	39	20	·0	19·5	3·5	17
	·5	42	7·5	37		·5	19	3	16
13	·0	40	7	36	21	·0	18	3	15
	·5	38	6·5	34		·5	16	3	14·5
14	·0	37	6·5	32	22	·0	15	3	13·5
	·5	35	6	31		·5	14	2·5	13
15	·0	32	6	29	23	·0	13	2·5	12
	·5	31	5·5	27		·5	13	2·5	11·5
16	·0	29	5	25·5	24	·0	12	2	10·5
	·5	28	5	24·5		·5	11·5	2	10
17	·0	27	5	24	25	·0	11	2	9·5
	·5	25	4·5	22		·5	10	2	9
18	·0	23	4	20·5	26	·0	9·5	2	8·5
	·5	22	4	19·5		·5	9	2	8
19	·0	21	4	18·5	27	·0	9	1·5	8
	·5	20	3·5	18		·5			

不同显影液在不同温度下所需冲洗时间表，杨荫浏制

三

潜心抄录谱字

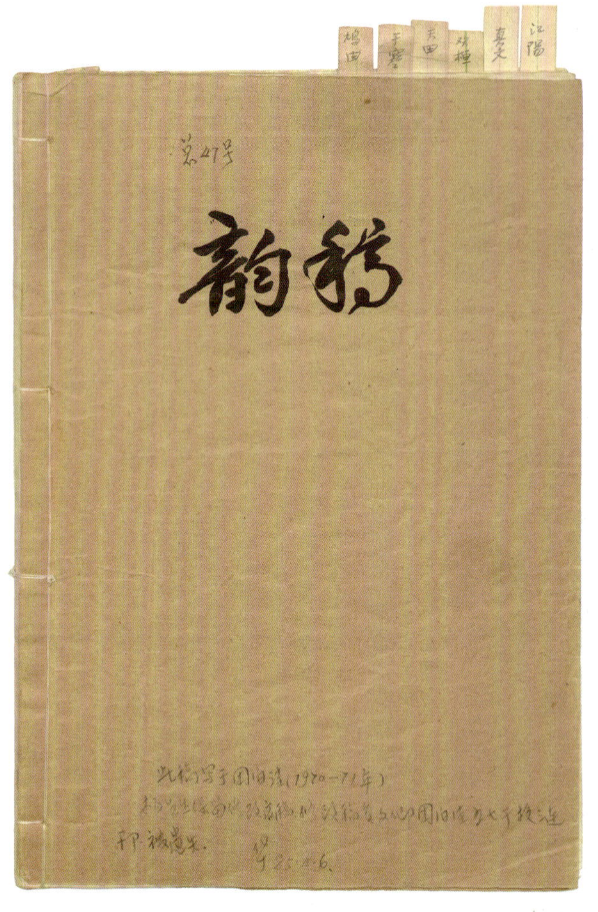

《韵稿》封面及内页（部分），杨荫浏手稿，20 世纪 70 年代，26.5cm × 19cm

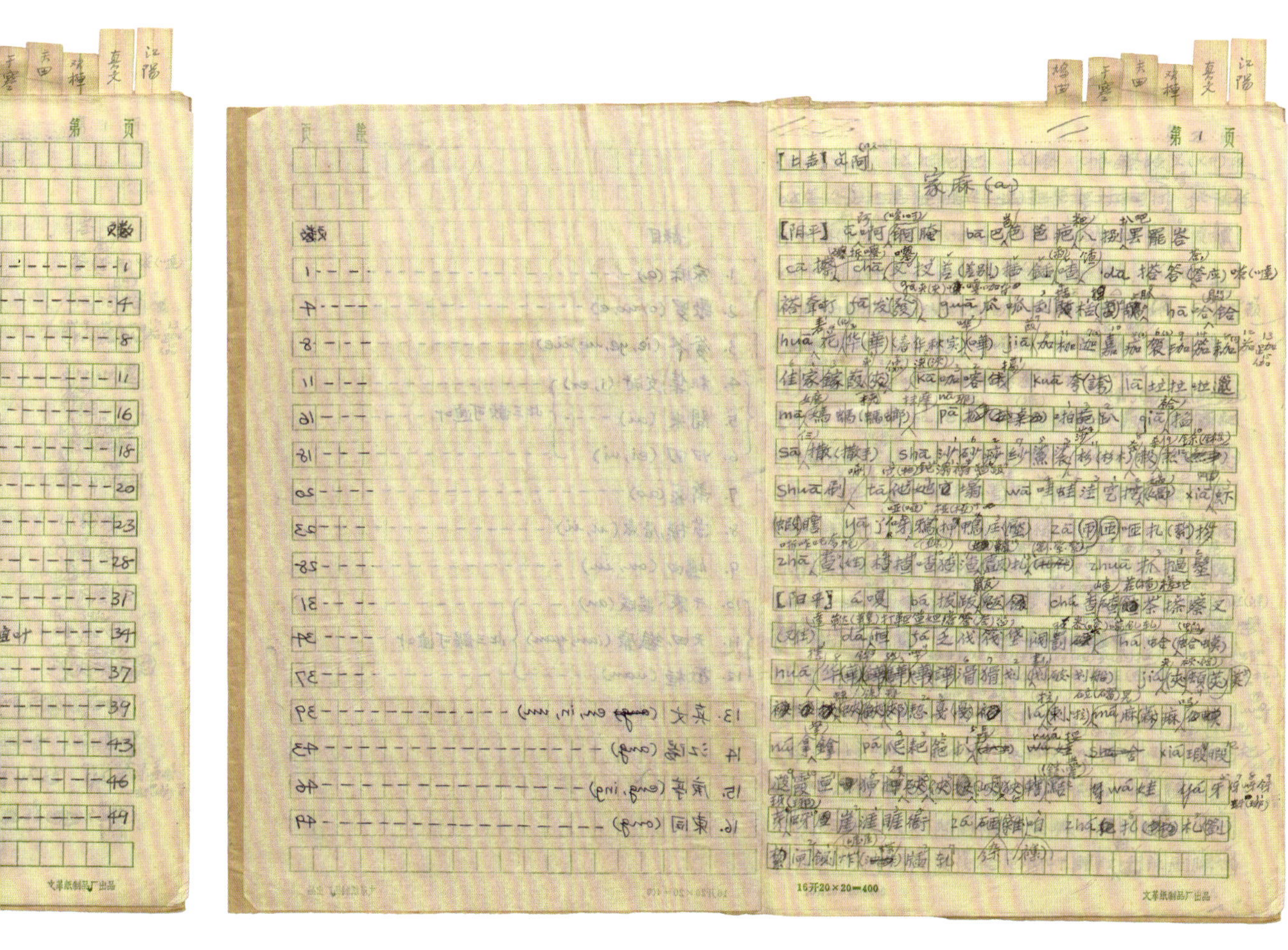

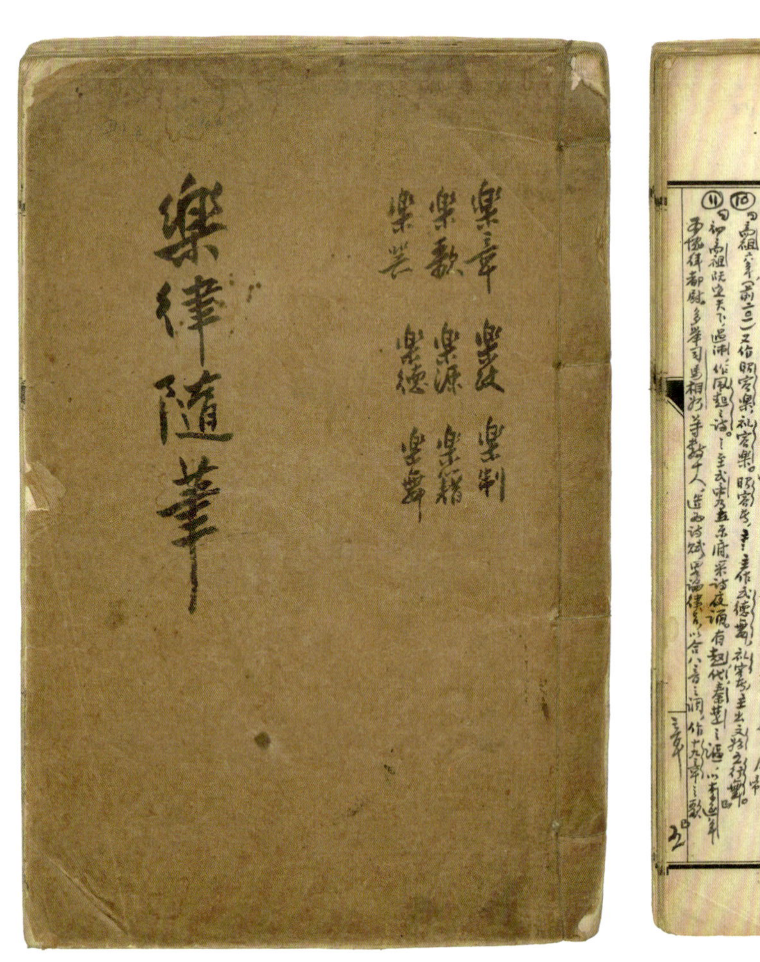

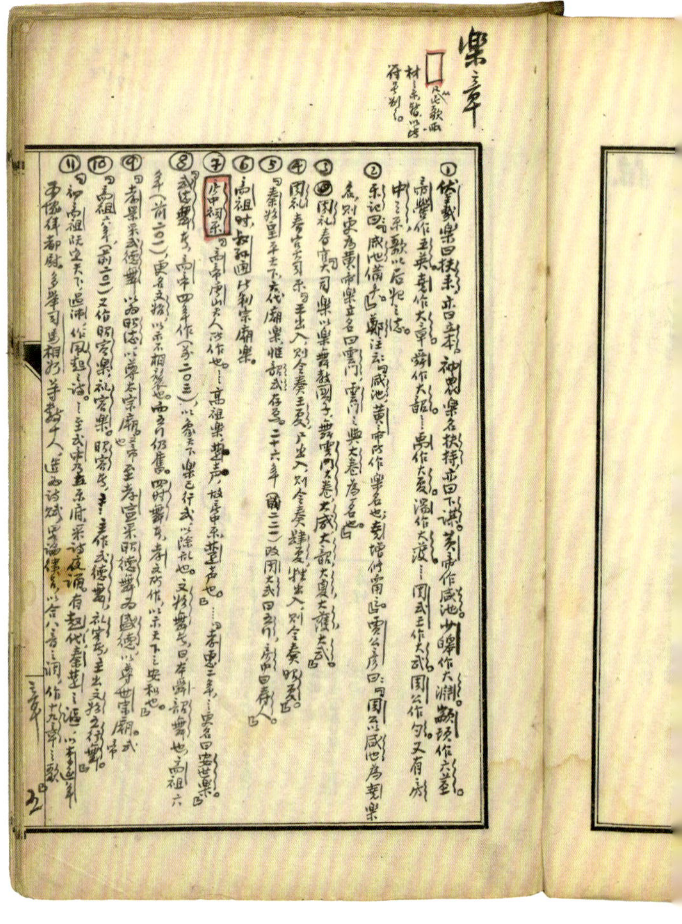

《乐律随笔》封面及内页（部分），杨荫浏手稿，20 世纪 70 年代，29cm × 19.6cm

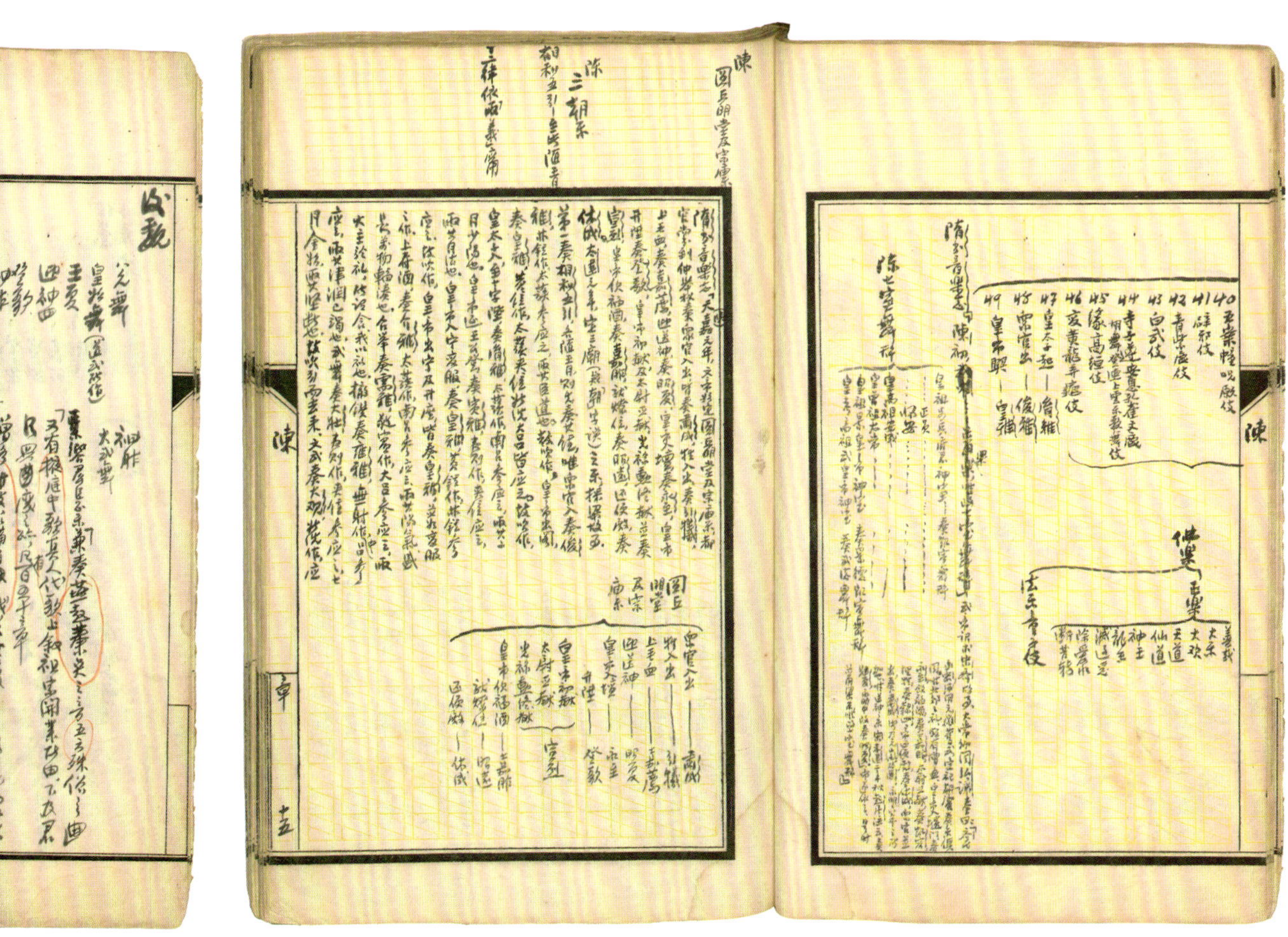

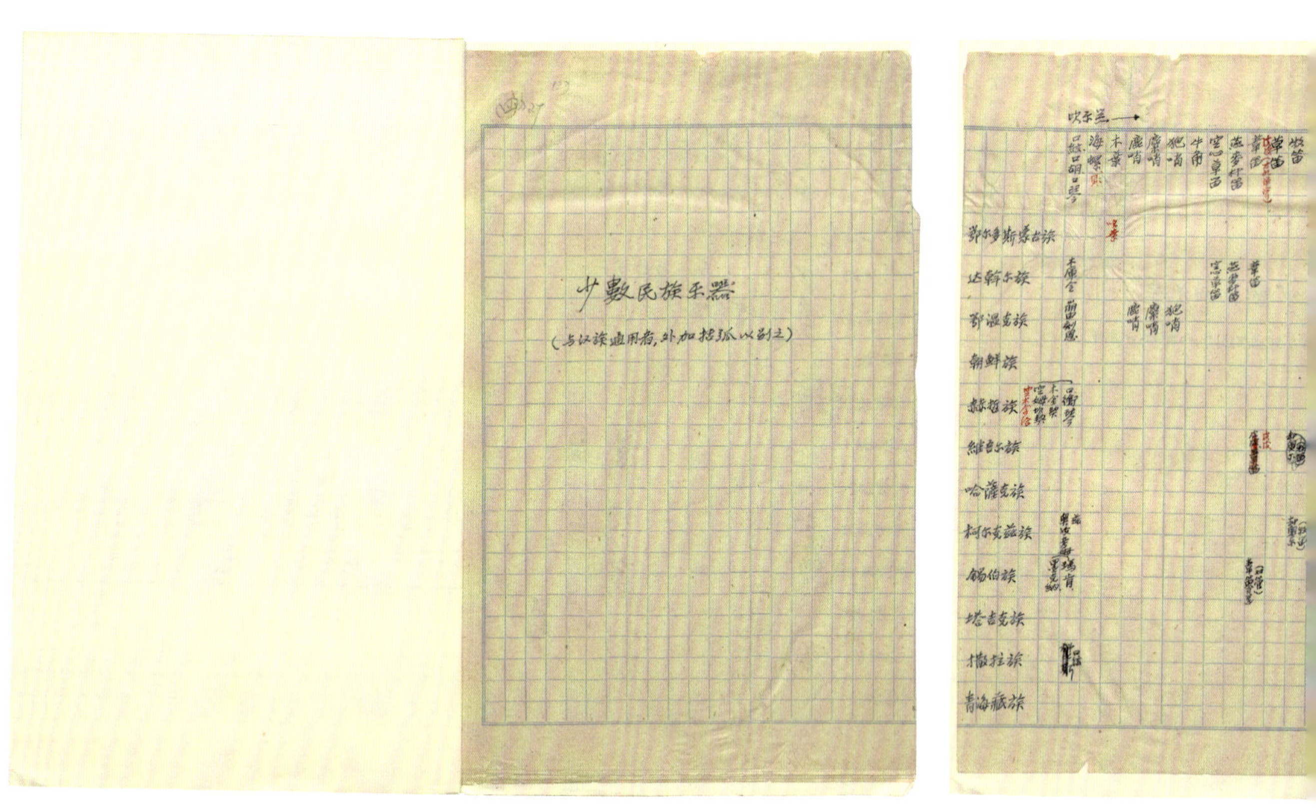

《少数民族乐器》封面及内页（部分），杨荫浏手稿，26.5cm × 18.8cm

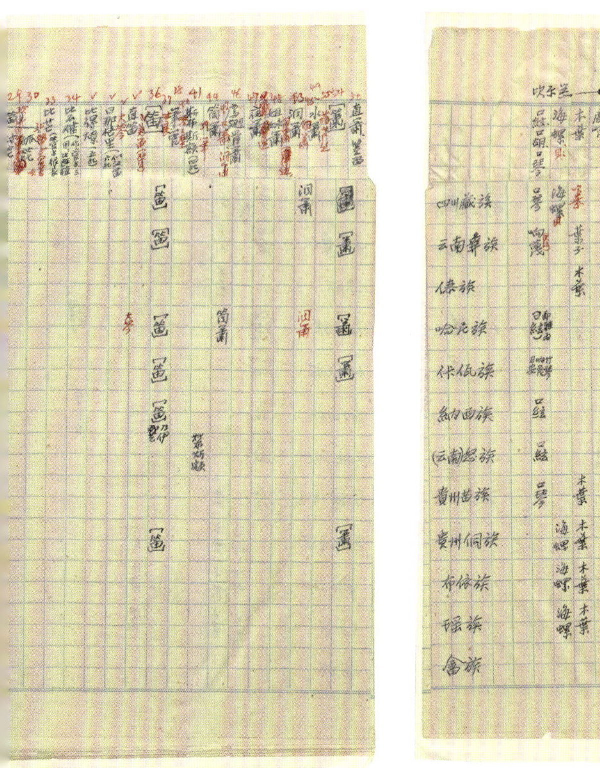

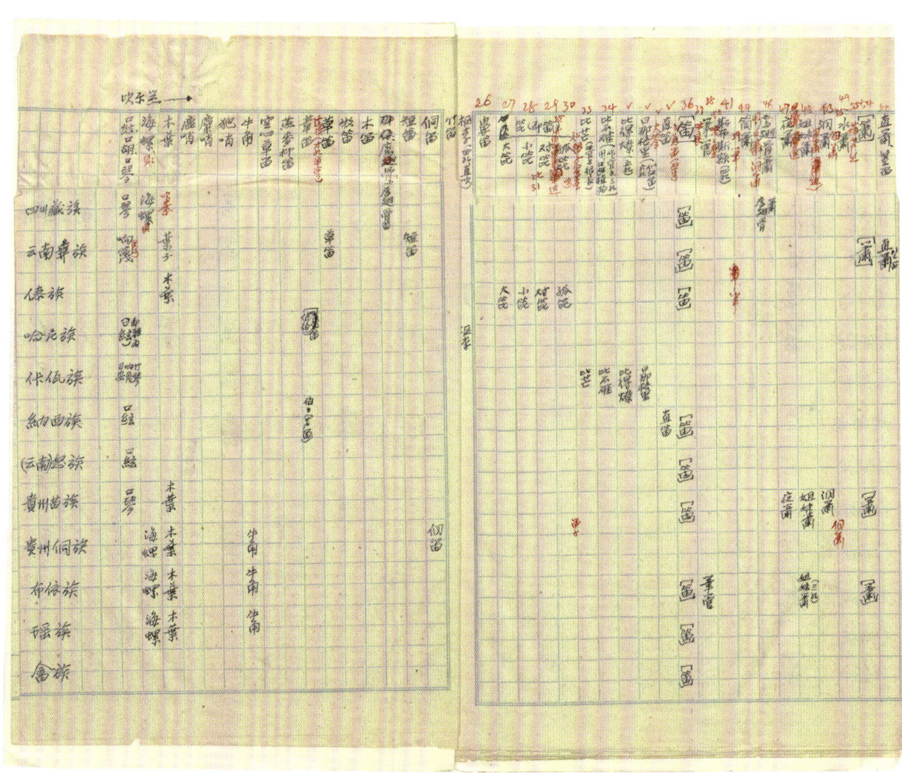

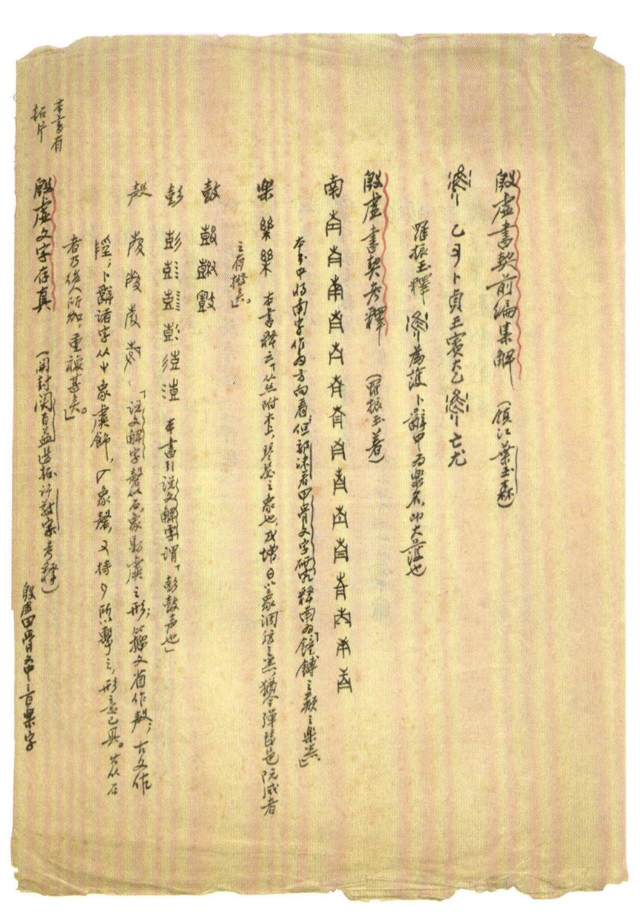

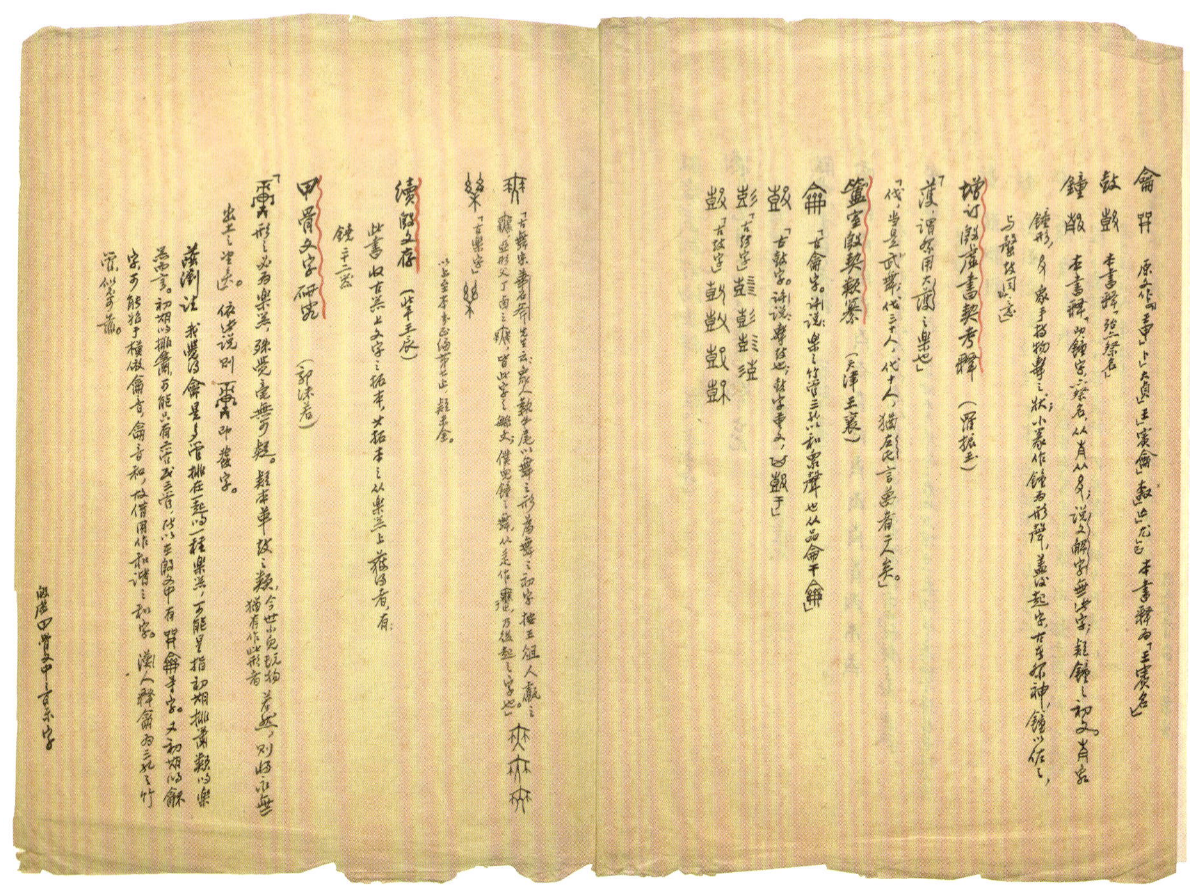

整理甲骨文中的音乐字及相关研究，杨荫浏手稿，30cm × 22cm

6 天田

〔陰平〕 天 先仙躚𨇄鮮廯秈氙仚 煎鬋戔箋[illegible]籛濺湔[illegible] 堅肩 顛巔巔瘨傎滇 鵑涓娟[illegible]焆鋗睊
邊籩蝙鯿蝙萹[illegible] 煙諲烟湮[illegible]諼儇翾嬛[illegible]蠉嬛 乾鶱[illegible]鏗[illegible]旃栴栴 鱣[illegible]鸇 專[illegible]甎嫥顓
千仟阡芊遷韆 軒掀騫[illegible] 煙焉鄢嫣燕嬿[illegible]咽閼湮蔫 牽愆褰騫岍汧搴[illegible] 篇偏鍽翩媥[illegible]
淵冤宛鵷鴛蜿怨[illegible] 痊詮荃銓佺硂荃拴悛 宣瑄愃[illegible] 川穿 捲圈棬 鋗 [illegible] 〔陽平〕 田畋鈿
佃闐填磌 連漣縺鏈鰱[illegible]憐聯[illegible] 綿棉眠櫋 然 廛纏躔[illegible]禪蟬單潺澶 前媊錢 懸滋 賢絃弦
弦舷延筵蜒埏[illegible]研言焉[illegible] 乾虔犍鞬 元鼋沅芫園圓員圜猿袁轅原嫄源塬[illegible]緣蝝[illegible]援猨
猿[illegible] 全泉拴[illegible]旋璇漩還 傳船椽遄 拳鬈[illegible]權顴卷 胼駢[illegible]便楩平[illegible]諞 年 涎
唌[illegible] 〔陰上〕 腆[illegible] 宛婉畹琬[illegible] [illegible] 卷[illegible] 鮮蘚癬[illegible]洗跣銑筅
燹 蹇謇濺[illegible] 翦[illegible]剪[illegible] 轉[illegible] 扁匾褊[illegible]扁窆[illegible] 喘[illegible] 闡蕆[illegible] 典 顯[illegible]
險蜆 犬[illegible] 展[illegible] 遣[illegible] 偃[illegible] 選[illegible] 淺 [illegible] 〔陽上〕 殄 遠[illegible]阮 演[illegible]兗衍[illegible]
[illegible] 囀[illegible] 免冕[illegible]沔[illegible]緬[illegible]勉[illegible] 覎峴 [illegible] [illegible] 〔陰去〕 [illegible] 券勸[illegible] 見建
獻憲[illegible] 絢[illegible] 燕嚥[illegible]咽宴[illegible] 眷卷絹[illegible]罥悁狷[illegible] 變徧 [illegible] 線霰 釧串
[illegible]箭濺薦洊[illegible]荐[illegible] 選 戰顫 倩[illegible]蒨 殿 [illegible] 怨 〔陽去〕 [illegible]殿[illegible]
[illegible] [illegible]願[illegible]愿[illegible]遠[illegible] 健[illegible] [illegible]見現[illegible] 眩炫[illegible] 硯彥諺[illegible] 券倦圈 面
[illegible] 卞汴[illegible]便[illegible]辨辯[illegible] 善繕[illegible]鱔[illegible]禪[illegible] 賤[illegible] 篆掾傳
[illegible] 練湅鍊楝[illegible] 戀[illegible] [illegible] 羨

14 支時

〔陰平〕 支枝肢巵梔氏搘之芝脂胝 髭貲訾茲孳孜滋資咨淄諮
姿耔 差眵瞝 施詩師獅螄尸 鳲蓍葹 斯撕廝澌鷥颸思司私
絲偲罳 雌 〔陽平〕 時塒鰣 兒而洏 慈磁鶿茨餈疵茈骴瓷
詞祠辭辤 〔陰上〕 紙砥底旨 指止沚芷趾祉阯址徵咫枳軹只
此玼跐泚佌 史使弛施豕矢始屎 子仔秄紫訾姊滓梓第秭
胏 齒茝 死 〔陽上〕 爾邇耳餌珥駬栮薾 視 〔入作上〕 澀
躍濇瑟蝨璱摵 塞 則 〔陰去〕 至志誌痣忮 恣漬眥眦剚
使駛試弑施啻 肆四泗駟思賜 次刺莿廁 翅 〔陽去〕 事示
蒔謚嗜豉侍是視氏筮噬諟市士 仕恃時 寺食飼嗣耜似姒俟涘
巳汜祀兕 自字牸 二貳餌刵

18 蘇模

〔陰平〕 蘇酥穌 逋鋪晡 孤菰呱觚罛姑菇鴣沽酤辜蛄 芻蒭初 枯骷刳[illegible] 都闍 烏鳴
鄔汙洿[illegible]惡於 膚夫鈇玞砆趺麩孚莩桴郛 俘敷鄜袍跗 呼滹 租菹 麤 梳蔬疏 鋪
痡 〔陽平〕 模謨摹膜嫫[illegible] 徒圖屠菟瘏荼 途塗酴涂[illegible]稌駼 無亡蕪[illegible]巫誣毋[illegible]夫[illegible]芙
符鳧苻 奴孥駑笯 廬蘆顱[illegible]艫鑪爐[illegible]壚[illegible] 吾浯鋙梧齬俉吳蜈鋘 雛鶵鉏 蒲葡[illegible]
莆[illegible]匍[illegible] 胡糊湖醐葫[illegible]衚[illegible]瑚壺狐弧[illegible]乎 [illegible] 殂徂 〔入作平〕 獨讀櫝瀆犢匵犢黷毒纛
[illegible] 突凸 復伏袱茯服鵩菔縛虙洑佛 鵠斛 [illegible]縠觳鶻核 僕樸幞樸瀑[illegible] 杌矹兀[illegible] 族
卒捽 〔陰上〕 所數 阻俎岨詛 祖組 土吐 覩睹堵賭肚 古罟詁牯估鈷盬鼓瞽股賈羖
蠱 隖塢鄔 虎琥滸滸[illegible] 補圃譜 普浦溥 甫黼脯簠府腑俯拊弣父斧撫頫[illegible] 楚礎
苦筈楛 〔陽上〕 武鵡珷碔鵡膴嫵斌憮廡侮姆 魯艣櫓虜擄鹵滷[illegible] 五伍午仵 戶 母牡
[illegible] 弩努砮 腐輔釜[illegible]父 〔入作上〕 蔌簌速餗[illegible] 谷穀轂[illegible] [illegible]
[illegible] 福[illegible]幅蝠輻副復複覆蝮腹[illegible]蝮拂[illegible] [illegible] 卜不[illegible] 笏忽惚
總[illegible] 哭酷[illegible]嚳[illegible] 督篤[illegible]咄[illegible] 撲樸朴 髑[illegible] 簇蔟猝卒促蹙[illegible] 屋
沃剭 禿 〔陰去〕 素愫嗉訴愬塑溯遡泝 數疏 赴仆訃付傅副富賦 故固錮痼顧雇 惡
污堊 布怖佈 醋厝錯 詛祖做 兔吐[illegible] 鋪 庫袴絝 妒蠹射斁 〔陽去〕 暮慕墓募
渡肚土度鍍杜荰 父婦負附腐祔駙賻 扈戶[illegible]怙互冱護頀[illegible] 務霧鶩騖婺[illegible] 路潞輅
璐簬露鷺輅 誤悟寤晤忤迕 部[illegible]簿哺捕步埠 祚胙阼助[illegible] 怒[illegible] 〔入作去〕 木沐睦穆
牧目鶩[illegible]苜[illegible]繆[illegible]沒歿 祿琭淥鹿漉麓簏[illegible]麓陸[illegible] 物勿沕 訥[illegible]

曲韵卡片（部分），杨荫浏手稿，1961 年

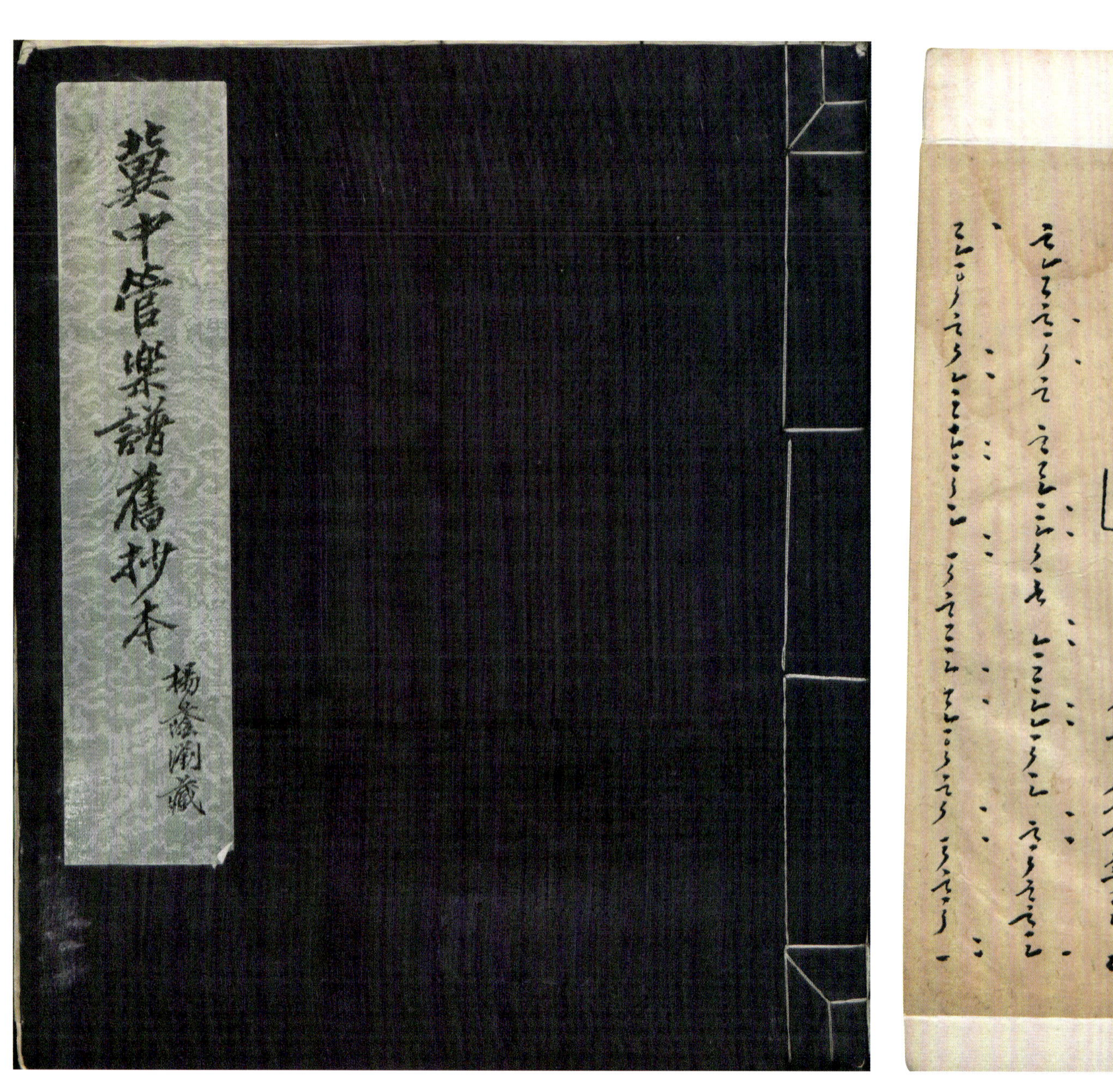

《冀中管乐谱旧抄本》封面及内页（部分），杨荫浏旧藏

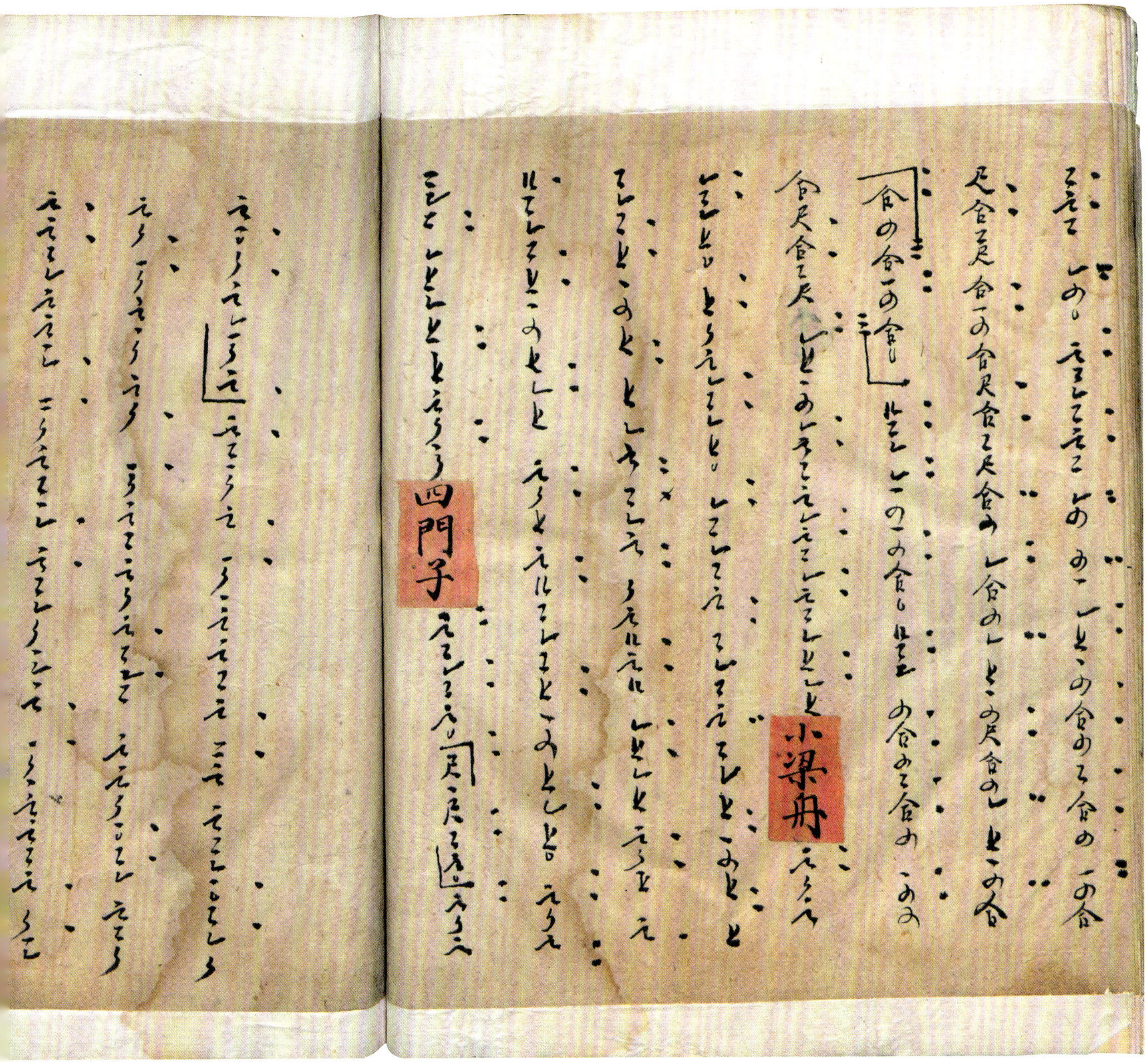

小梁州

四門子

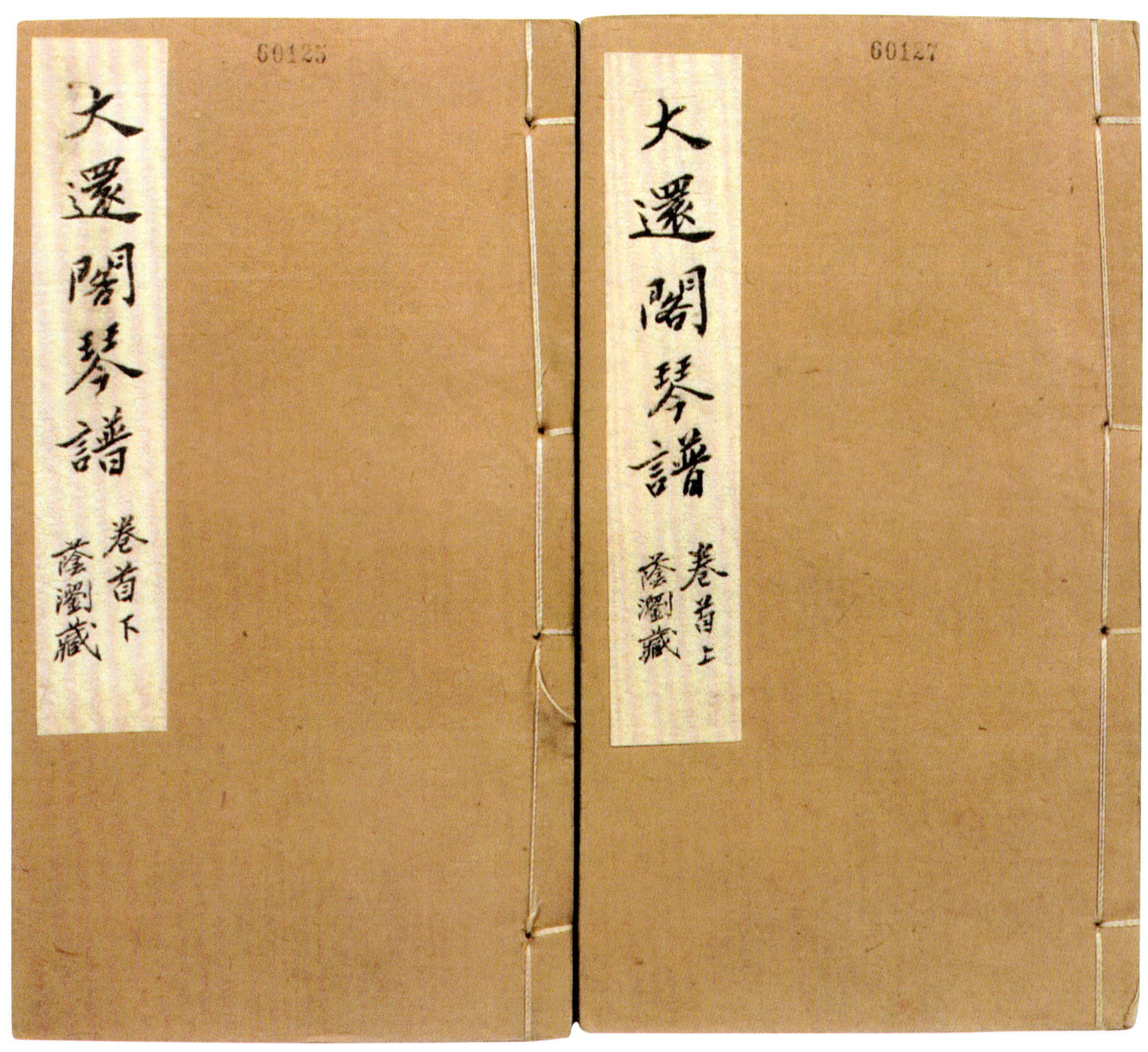

《大还阁琴谱》，清代，杨荫浏旧藏

四

艺痴者技必良

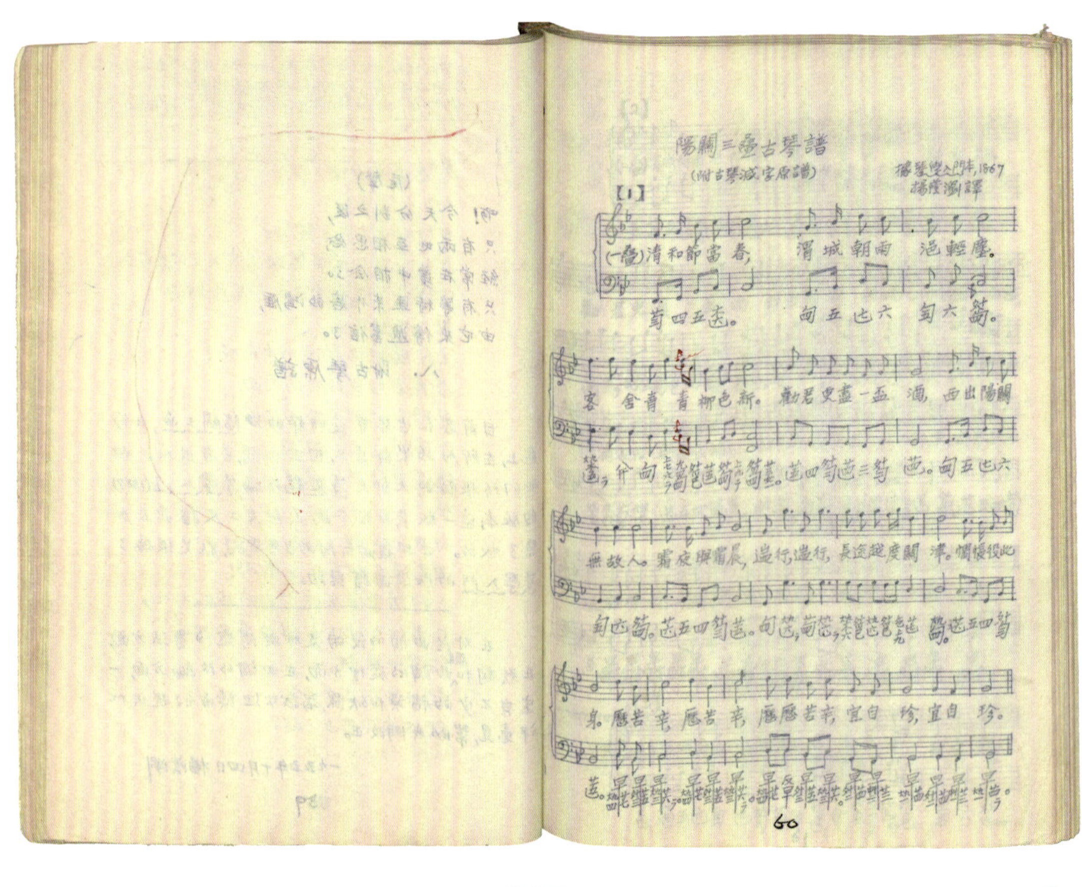

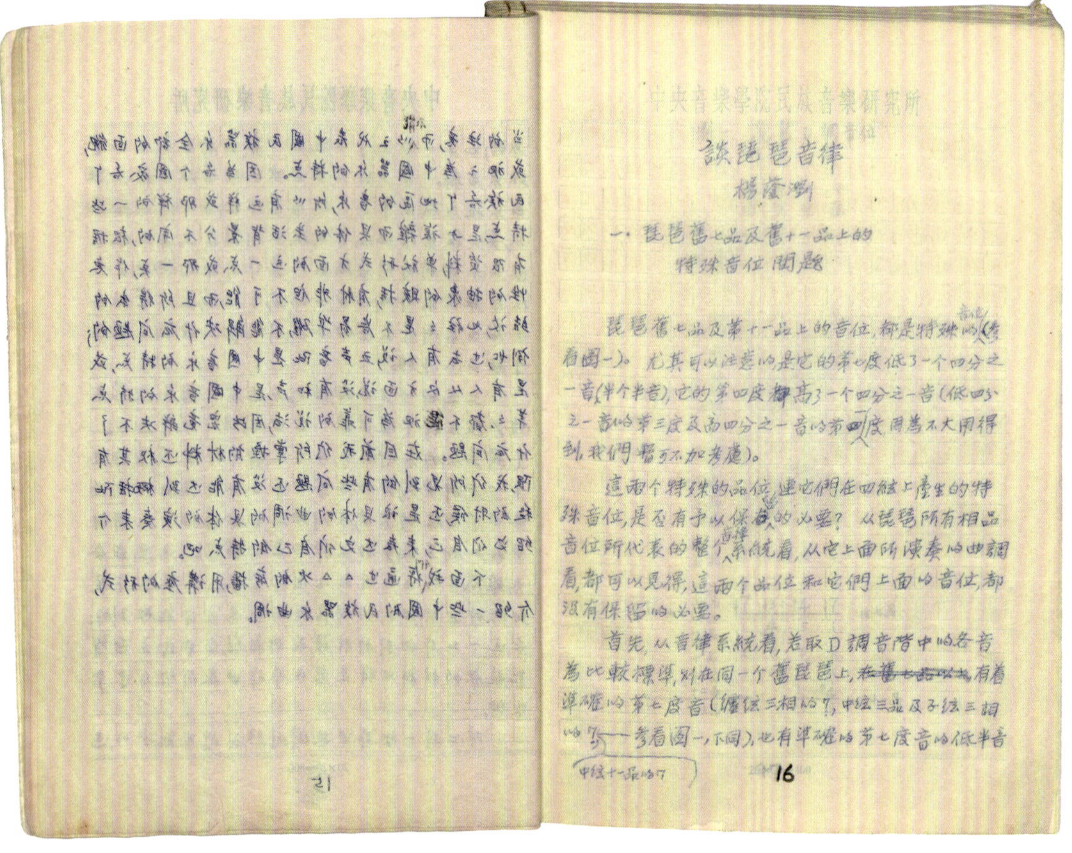

琴谱《阳关三叠》，杨荫浏译，杨荫浏手稿，26cm × 18.8cm（上）

论文稿《谈琵琶音律》，杨荫浏手稿，26cm × 18.8cm（下）

1958 年 9 月，杨荫浏（左）与张淑珍（右）修理乐器

1937 年，杨荫浏在无锡家中抚琴

1950 年，杨荫浏在天津演奏竹笛

20 世纪 50 年代，杨荫浏演奏竹笛

20世纪50年代，杨荫浏演奏箫

20 世纪 50 年代初，张剑平（左）演奏八角鼓，演唱单弦牌子曲，杨荫浏（右）三弦伴奏

杨荫浏（左）与张剑平（中）等表演单弦牌子曲

1957 年 6 月 16 日，杨荫浏（左）与曹安和（右）在天津文艺俱乐部礼堂举行的“纪念刘天华逝世 25 周年音乐会”上演奏刘天华作品《虚籁》

20 世纪 60 年代，杨荫浏（右二）、曹安和（右四）等表演器乐合奏

1940 年，杨荫浏（后右一）与查阜西（后右二）一家在昆明与昆曲曲友合影

1962 年春节前后，杨荫浏与天韵社曲友于耕兰草堂

（上图左起：阚献之、唐慕尧、沈伯涛、沈达中、杨荫浏）

《天韵社曲谱》（四卷），清光绪七年（1881），吴畹卿手抄本，杨荫浏旧藏

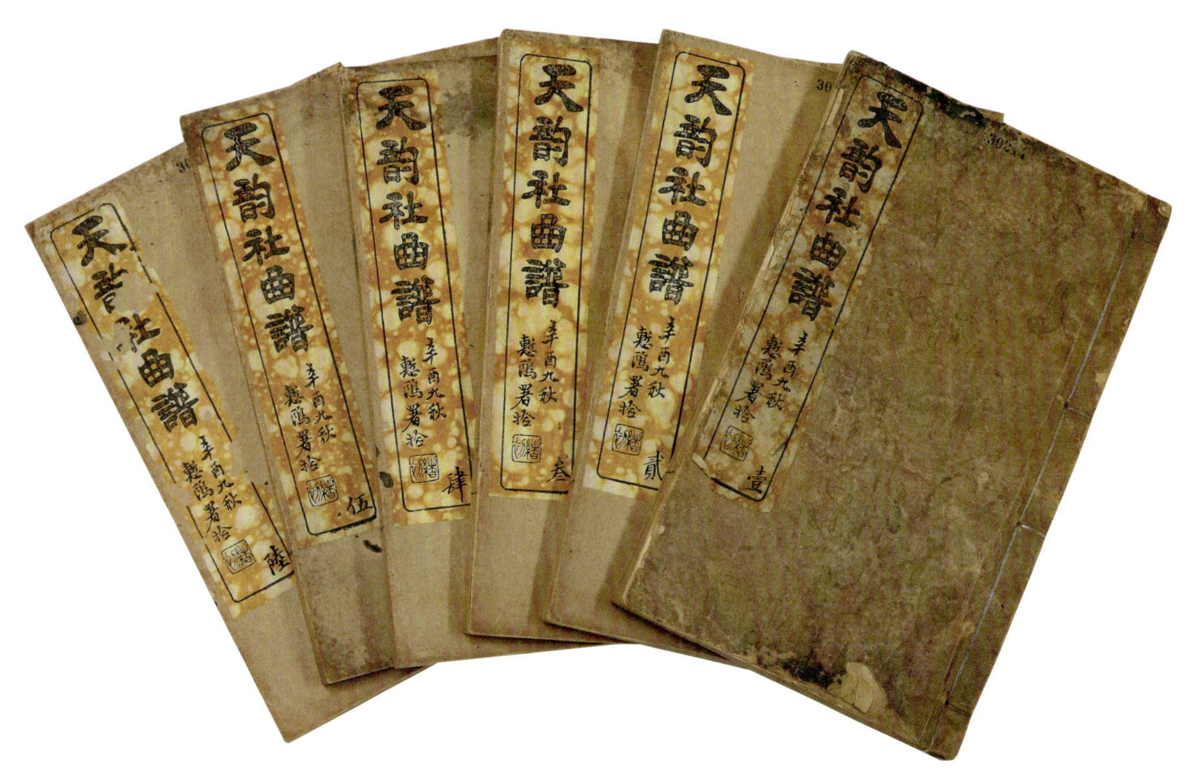

《天韵社曲谱》（六卷），杨荫浏缮写油印本

正面

背面

正面上

正面中

正面下

拟晋列和二尺九笛，1949 年 4 月 15 日，杨荫浏制于南京国立音乐院，通长 69cm，口径 2 cm

笛身铭文

上：1940年曾推魏杜夔律黄钟之音高为与 $^{\#}f$ 音相近，今据《晋书・律志》用杜夔尺制列和二尺九笛，吹其第五孔宫音，适与律音相合，于以见两次所求之均符史实。1949年4月15日时在南京国立音乐院　杨荫浏

中：第五孔　宫音

下：拟晋列和二尺九笛

正面

背面

正面上

正面中

正面下

拟晋荀勖笛，1949 年 4 月 15 日，杨荫浏制于南京国立音乐院，通长 66cm，口径 2 cm

笛身铭文

上：1940 年曾推晋荀勖黄钟律之音高为比 g 音略低，今据《晋书·律志》用晋前尺制荀勖黄钟之笛，吹其第五孔宫音，适与律音相合，于以见两次所求之均符史实。1949 年 4 月 15 日时在南京国立音乐院　杨荫浏

中：第五孔　宫音

下：拟晋荀勖笛

吴畹卿传紫檀小三弦，杨荫浏旧藏，通高 96cm，共鸣箱宽 15cm，厚 7.5 cm

正面

背面

侧面

无名琴

尺　　寸：长 123.5cm，宽（额 19cm，肩 20.5cm，尾 14.5cm），隐间 112cm

琴　　式：近绿绮式，为徐氏所造

制作年代：民国（徐元白制）

收藏年代：原为杨荫浏珍藏，1981 年捐赠中国艺术研究院

漆色断纹：通体髹黑漆，无断纹

琴材配件：木轸，木足，玉徽

琴腹款识：（一）龙池纳音右侧黑毛楷书“余造此式共十二张 同好中称为徐氏式”

（二）龙池纳音左侧黑毛楷书“民国二十五年浙东徐元白制于大梁”

制作特点：长方形龙池（21.4cm×2.5cm），长方形凤沼（10cm×1.9cm）。琴额中部镶嵌二龙戏珠象牙雕，琴面平均律小徽位系杨荫浏先生所加。此琴底板有通体裂痕

龙池纳音内墨书

凤沼

琴额

琴额中部象牙雕

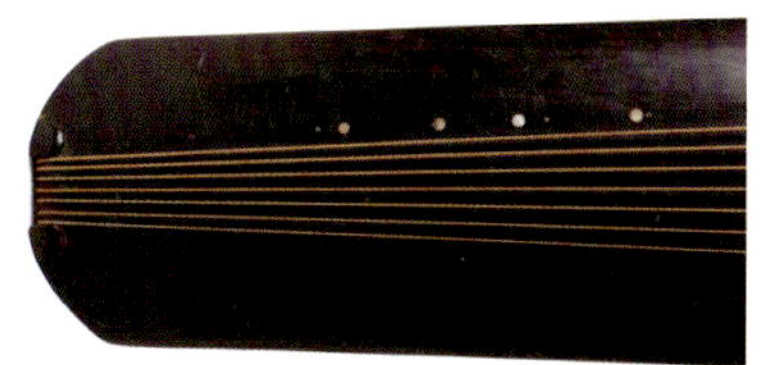
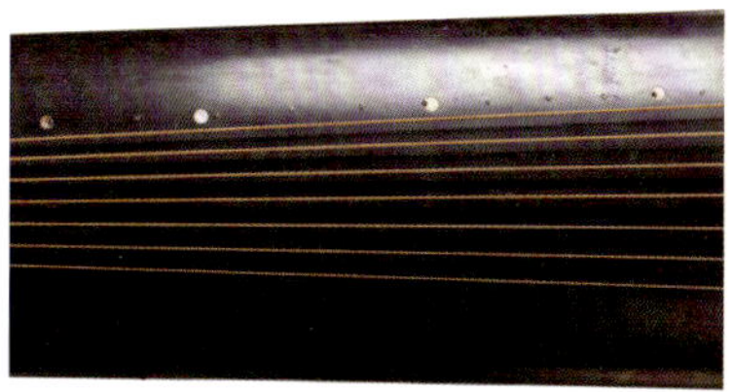
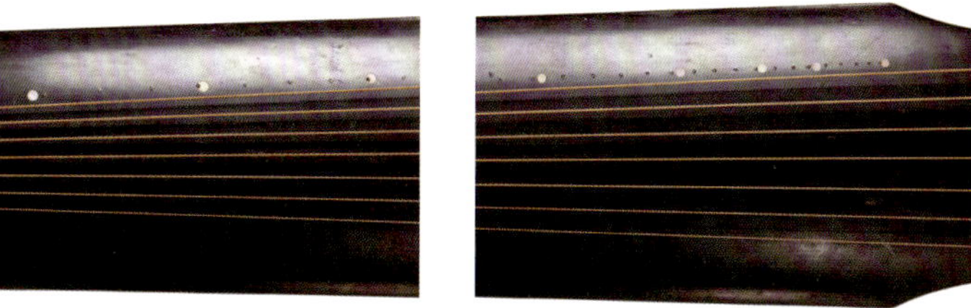

杨荫浏加平均律小徽位

曹安和所用琵琶，通高 98cm，共鸣箱宽 29cm，厚 6cm

三、学术交流与传承

1946 年，国立音乐院国乐组首届毕业生合影（重庆）

（前排左起：江鉴、曹安和、陈渝、刘北茂；后排左起：杨荫浏、储师竹、陈振铎）

1948 年 5 月 31 日，国立音乐院国乐组第二届毕业生留影（重庆）

（前排左一：曹安和；后排左四：杨荫浏）

1949 年 6 月 30 日，国立音乐院国乐组第三届毕业生留影（重庆）

（前排左起：刘北茂、方炳云、未详、曹安和；后排左起：储师竹、杨荫浏、夏一峰、陈振铎、程午嘉）

1954 年 6 月 8 日，上海华东文化局主办华东区国乐演奏会留影纪念

［一排：李元庆（左四）、杨荫浏（左五）、夏衍（左六）］

1959 年 2 月，由中国音乐家协会主办的乐器改良座谈会合影

〔一排：曹安和（左四）、杨荫浏（左五）、吕骥（左六）、李元庆（左八）〕

1959 年 2 月，由中国音乐家协会主办的乐器改良座谈会合影

（一排左起：杨大钧、未详、李元庆、未详、杨荫浏、高步云、秦鹏章）

20 世纪 60 年代，杨荫浏（左）在学术研讨会上

1960 年 12 月 12 日，杨荫浏为民族音乐研究班学员做学术报告

1961 年，杨荫浏（左四）与曹安和（左三）上昆曲课

1961 年 3 月，杨荫浏（右）向美术研究所所长王朝闻（左）介绍民族音乐遗产

1961 年 11 月 18 日，北京中国文学艺术界联合会礼堂，杨荫浏与吕骥、李元庆等

上台与表演西安鼓乐的全体艺人合影

1962 年 7 月 12 日，杨荫浏（左四）为来京演出的上海民族乐团讲民族音乐问题

1962 年 9 月，瑞典留学生林西莉（Cecilia Lindqvist）古琴汇报演出后合影

（左起：王迪、曹安和、林西莉、溥雪斋、杨荫浏、管平湖、吴景略）

1963 年 6 月 6 日，杨荫浏等在北京长安戏院接见进京演出的福建泉州高甲戏剧团

1963 年 12 月，杨荫浏在“第一届全国古琴打谱经验交流座谈会”上讲话（上）

1964 年，杨荫浏在“乐器改良座谈会”上（下）

1979 年，杨荫浏在家中给学生讲课

20 世纪 80 年代，杨荫浏在家中给学生讲课

杨荫浏晚年在家中为学生讲课

四、文化交游中的杨荫浏

20 世纪 50 年代，杨荫浏（左一）陪同钱学森（左二）参观音乐研究所陈列室后合影

20 世纪 70 年代，杨荫浏（左）与赵如兰（右）合影

1947年前后，杨荫浏（中）、曹安和（左）与顾献梁（右）在重庆

1954 年，杨荫浏（右）与李元庆（左）合影

1954 年，杨荫浏（左一）与谭抒真（左二）、贺绿汀（左三）、李凌（左四）、吕骥（左五）合影

1954 年 4 月，杨荫浏（右）和查阜西（左）在北京颐和园听鹂馆

1956 年，杨荫浏与北京古琴研究会会员游香山

（后排左起：罗君羽、查阜西、汪孟舒、管平湖；中排左起：杨荫浏、溥雪斋、曹安和；

前排左起：王振声、杨干斋、关仲航）

1956年，曹安和（左）、杨荫浏（中）、管平湖（右）在颐和园合影

1958 年，高步云（后排右二）退休临别前与杨荫浏（后排左二）、李元庆（后排右一）等合影

1960 年，杨荫浏（中）与卫仲乐（左）、秦鹏章（右）合影

1960 年 8 月 12 日，第三次文代会期间音乐界联欢，

杨荫浏（左二）与徐立荪（右一）下棋，查阜西（右二）观棋

1961 年，杨荫浏与北京古琴研究会会员游香山

[关仲航（左一）、曹安和（左四）、查阜西（左五）、杨荫浏（左六）、

汪孟舒（右一）、管平湖（右二）、溥雪斋（右三）、许健（前右）]

20 世纪 60 年代，杨荫浏（左四）与李元庆（左一）、查阜西（左二）、溥雪斋（左三）、管平湖（左五）合影

1980 年，杨荫浏（左）与周文中（右）合影

1980 年，杨荫浏（前排中）、曹安和（前排右）、

江定仙（后排左一）、阴法鲁（后排左三）、刘烈武（后排左四）与来访外宾合影

1980 年前后，杨荫浏与音乐研究所同仁等合影

（左起：文彦、曹安和、未详、杨荫浏、李纯一）

1980 年前后，杨荫浏（左）与秦鹏章（右）合影

1980 年前后，杨荫浏（左四）与李焕之（左二）、孙慎（左一）、吕骥（左七）等合影

1981 年 6 月，杨荫浏（左）与曹安和（右）合影

1981 年 6 月 3 日，杨荫浏与赵如兰（上）、杨荫浏与卞学璜（中）、杨荫浏与赵元任（下）

1981 年 6 月 3 日，杨荫浏（右一）、曹安和（左二）与赵元任（左三）、赵如兰（左一）父女合影

1982年，杨荫浏（右一）、曹安和（左一）与肖淑娴（左二）、萧伺（萧友梅之子，左三）合影

1982 年 3 月 24 日，杨荫浏（右）在家中接待来访的日本东洋音乐学会副会长田边秀雄（左）

1982 年 3 月 24 日，杨荫浏（前右）在家中接待来访的日本东洋音乐学会副会长田边秀雄，郭乃安、苏杨陪同

1982 年 4 月 6 日，杨荫浏（左一）、曹安和（左三）与李凌（左二）夫妇合影

著名昆曲演员白云生赠予杨荫浏的签名戏装照（左上）
著名昆曲演员韩世昌赠予杨荫浏的签名戏装照（右上、右下）

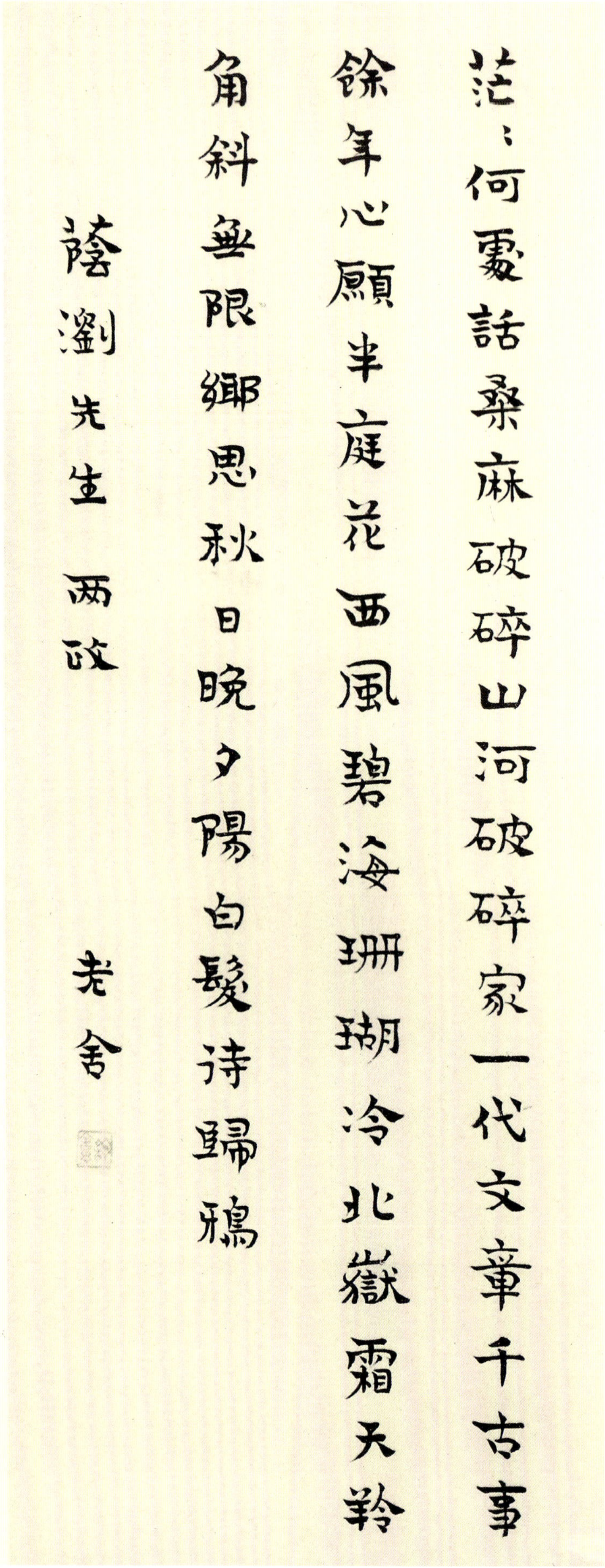

茫茫何處話桑麻破碎山河破碎家一代文章千古事

餘年心願半庭花西風碧海珊瑚冷北嶽霜天羚

角斜無限鄉思秋日晚夕陽白髮詩歸鴉

蔭瀏先生兩政 老舍

1944 年秋，老舍赠予杨荫浏的题字

杨仲子印屏，
杨荫浏旧藏

不图为乐之至于斯也

大辞乐鉨

一粟斋鉨

哀时命

壬申长艺院壬午长
乐院癸未主乐教

耳顺

哀江南

怀沙

漂泊西南

永以为好

多情自古伤离别

哀故都之日远

哀郢

长相思

哀吾生之须臾

哀王孙

长毋相忘

哀莫大于心死

中心藏之

五、传统音乐文化使者

20世纪50年代至80年代，杨荫浏先后接待了来自德国、波兰、英国、芬兰、比利时、挪威、法国、罗马尼亚、匈牙利、捷克、加拿大、越南、苏联、朝鲜、印度、日本、缅甸、蒙古、古巴、乌拉圭、坦噶尼喀等20多个国家的音乐家或音乐专业团体，向他们介绍了悠久的中国音乐历史和丰富的中国传统音乐，与他们进行了深度的音乐文化交流，是当之无愧的中国传统音乐文化使者。

20 世纪 50 年代，杨荫浏（右四）与来访的波兰钢琴家等人合影

20 世纪 50 年代，杨荫浏（左）与来访的德国音乐学家哥尔特斯密特（右）座谈

20 世纪 50 年代，杨荫浏（左四）、李元庆（左二）与来访的罗马尼亚音乐家亚历山大·波维奇（左三）等人合影

20 世纪 50 年代，杨荫浏（左）、李元庆（右）与匈牙利教授波尔奇（中）合影

20 世纪 50 年代，杨荫浏陪同时任文化部副部长郑振铎参观音乐研究所陈列室

20 世纪 50 年代，杨荫浏（左一）与来访苏联作曲家代表团座谈（右二：代表团团长维诺格拉多夫）

20 世纪 50 年代，杨荫浏（左二）陪同印度代表团欣赏管平湖（左一）演奏古琴

20 世纪 50 年代，杨荫浏（右三）、曹安和（左五）、袁荃猷（左一）与来访印度代表团成员合影

1956 年，杨荫浏（前排左七）等与朝鲜人民访华代表团合影

20 世纪 50 年代，杨荫浏（右）、李元庆（左）与德国皮什纳教授（中）合影

20 世纪 50 年代，杨荫浏（左）与朝鲜人民访华团代表交流时示范吹奏笙

20 世纪 50 年代，杨荫浏（左）与来访朝鲜艺术代表团座谈

20 世纪 50 年代，杨荫浏（右二）、李元庆（左二）与匈牙利领事等人合影

20 世纪 50 年代，杨荫浏（中）与来访捷克钢琴家、歌唱家合影

1954 年夏，杨荫浏（前排右三）、曹安和（前排右二）等与来访的日本代表团合影

1954 年 8 月 21 日，杨荫浏等与来访印度尼西亚访华代表团及专家合影

1955 年，杨荫浏（左三）、李元庆（右二）等陪同时任文化部副部长丁西林（左二），以及音乐家杨大钧（右一）、胡彦久（左一）参观音乐研究所陈列室

1956 年 3 月 16 日，杨荫浏（右一）、李元庆（左二）、曹安和（前排右三）等与来访德国音乐家合影

1956年10月13日，杨荫浏（左一）、李元庆（左二）与来访日本音乐家田边尚雄（右一）座谈（上）

1956年10月13日，杨荫浏（左三）、李元庆（左一）、曹安和（左二）、管平湖（右一）与来访日本音乐家田边尚雄（左四）、田边秀雄（左五）合影（下）

1956 年，杨荫浏（中）与来访朝鲜文化代表团成员合影

1956 年，杨荫浏（左二）、李元庆（右一）与德国音乐家哥尔特斯密特教授（左三）参加北京图书馆贝多芬展览会闭幕式

1956 年 4 月，杨荫浏（左）与来访苏联专家座谈

1956年10月，杨荫浏（左一）与苏联歌剧交响乐队指挥家赛尔盖（左三）及其女儿（左四）座谈（上）

1956年10月，杨荫浏（左三）等与苏联歌剧交响乐队指挥家赛尔盖（左二）及其女儿（左四）合影（下）

1957 年 7 月，杨荫浏（右二）、时乐濛（左一）访问苏联时留影

1957 年 7 月，杨荫浏（左一）访问苏联莫斯科参加“第六届世界青年联欢节”时与艺术家们合影

1957 年 10 月，杨荫浏（后排中立者）、管平湖（三排左四）、曹安和（二排左五）等与来访印度尼西亚马鲁艺术团合影

1957 年 10 月 10 日，杨荫浏（左一）与来访英国兰伯特芭蕾舞剧团指挥大卫 · 爱伦堡和钢琴家座谈

1957 年 10 月 16 日，杨荫浏、王迪等

与来访蒙古人民共和国国家音乐话剧院艺术团（共 81 人）合影

1957 年 10 月 16 日，杨荫浏等与来访蒙古人民共和国国家音乐话剧院艺术团合影（局部）

1957 年 10 月 16 日，杨荫浏（左一）接待来访蒙古人民共和国国家音乐话剧院艺术团团长策格米德

1957 年 11 月 13 日，杨荫浏（后排左二）、曹安和（前排左二）、管平湖（后排左四）等与来访芬兰外宾汉尼克（后排左三）等合影

1957 年 11 月 24 日，杨荫浏（左）陪同罗马尼亚青年艺术家代表团参观陈列室后签名留念

1957年12月7日，杨荫浏（上图右、下图左）陪同来访越南文化考察团参观、座谈

1957 年 12 月 19 日，杨荫浏（左）与罗马尼亚作曲家协会书记、国家奖金二次获得者、功勋艺术家阿尔弗立德 · 孟德尔松（右）进行学术交流

1957年12月20日，杨荫浏（左）与苏联作曲家阿尤谢也夫（右）座谈（上）

1957年12月20日，杨荫浏（左二）等与苏联作曲家代表团合影［维诺格拉多夫团长（左四）、依斯马吉罗夫（左三）、阿尤谢也夫（左五）］（下）

1957 年 12 月 25 日，杨荫浏（左二）与来访捷克音乐家代表团部分成员合影

1958 年 1 月 13 日，杨荫浏（左一）等与来访苏联音乐史专家别吉查洛夫（左二）及其夫人帕特捷姆斯卡亚（左三）等合影

1958 年 1 月 14 日，杨荫浏（右）与苏联音乐杂志编辑巴星秀克（中）座谈

1958 年 4 月 11 日，杨荫浏（左一）与来访比利时中国协会副主席哈姆特（左二）、秘书长德根夫人（左三）座谈

1958 年 4 月 11 日，杨荫浏（左二）陪同比利时中国协会副主席哈姆特（左三）、秘书长德根夫人（左一）参观音乐研究所陈列室

1958 年 4 月 27 日，杨荫浏（右）与国际广播组织亚洲会员国民间音乐广播会议日本代表林信夫（左）座谈

1958 年 5 月 27 日，杨荫浏陪同时任文化部副部长钱俊瑞（左二）参观音乐研究所陈列室

1958 年 8 月 18 日，杨荫浏（左一）向来访缅甸民族音乐研究者吴旺纳（右一）赠送音乐研究所出版物

1958 年 10 月 21 日，杨荫浏、管平湖等与来访匈牙利音乐芭蕾舞艺术团一行 15 人座谈，团长为霍尔瓦特 · 尤特夫

杨荫浏等与来访匈牙利音乐芭蕾舞艺术团合影

1959 年 4 月 2 日，杨荫浏（右一）与来访匈牙利国家歌剧院芭蕾舞剧团钢琴家、指挥家奈梅特 · 阿马戴（左一），提琴教师戴阿克 · 阿格奈什（左二）座谈

1959 年 4 月 9 日，杨荫浏（左一）与来访越南劳动党书记素友等合影

1959 年 4 月 15 日，杨荫浏（左）与来访德国莱比锡音乐学院理论系主任保尔 · 盛克教授进行学术交流

1959 年 12 月，杨荫浏（前排右一）访问苏联时与时乐濛及苏联音乐家合影

20 世纪 60 年代，杨荫浏（左一）与来访古巴艺术团代表座谈

1961 年，杨荫浏（左二）、曹安和（左五）、管平湖（左一）等

与来访日本友好社会活动家、评论家中岛健藏（左三）及夫人（左四）等合影

1961 年，杨荫浏（右二）等与来访苏联作曲专家鲍·阿拉伯夫（左二）合影

1961 年 9 月，杨荫浏（右）与来访加拿大指挥家戈尔登 · 斯密斯（左）交谈

1961 年 9 月，杨荫浏（左一）、曹安和（左二）与来访加拿大指挥家

戈尔登 · 斯密斯（右一）及夫人（右二） 合影

1962 年 2 月 27 日，杨荫浏（右二）、李元庆（右三）等陪同日本勤劳者音乐协会代表团参观音乐研究所陈列室

1962年2月27日，杨荫浏（左一）、李元庆（左三）等
与日本勤劳者音乐协会代表团山根银二（左二）等座谈

1962 年 6 月 28 日，杨荫浏陪同捷克作曲家协会主席团委员杨 · 弗 · 费舍尔参观并座谈

1962 年 6 月 28 日，杨荫浏（左）与捷克作曲家协会主席团委员杨 · 弗 · 费舍尔（右）座谈

1962 年 10 月 23 日，杨荫浏等陪同来访波兰国家音乐所合唱团团长兼指挥罗曼·库克莱维奇参观并合影

1962 年 10 月 23 日，杨荫浏（左）与波兰国家音乐所合唱团团长兼指挥罗曼 · 库克莱维奇（右）座谈并合影

1964 年 9 月 27 日，杨荫浏（前排左三）、李元庆（前排左七）、曹安和（前排左五）等与来访古巴、乌拉圭、坦噶尼喀音乐家合影

1964 年 9 月 27 日，杨荫浏（右）与坦噶尼喀音乐家达累斯萨拉姆（中）座谈

1964 年 9 月 29 日，杨荫浏（左二）、李元庆（右一）与来访巴拉圭音乐家古尼拉斯等座谈

1964 年 10 月 5 日，杨荫浏（左五）、李元庆（左三）陪同时任文化部副部长徐平羽参观并座谈

1965年2月，杨荫浏陪同外国语学院教师、法国蒂埃尼夫妇、澳大利亚马克林夫妇参观音乐研究所陈列室并座谈

1965 年 10 月，杨荫浏（右）与挪威音乐研究所所戈尔文（左）等座谈

1965 年 10 月，杨荫浏陪同挪威音乐研究所所戈尔文等参观音乐研究所陈列室并座谈

1965 年 11 月 5 日，杨荫浏（左三）等与来访苏联音乐家科瓦里（左二）、贝克夫（左五）等合影

1965 年 11 月 16 日，杨荫浏等陪同匈牙利作曲家协会书记米哈伊参观音乐研究所乐器改革室

1965 年 12 月 8 日，杨荫浏（右一）与波兹南人民博物馆乐器部保管员优 · 卡明斯基、波兰科学院艺术研究所助理杨 · 斯腾舍夫斯基座谈

1966 年 2 月 28 日，杨荫浏（前排左三）、李元庆（前排左一）、曹安和（前排左四）与来访越南歌舞艺术团副团长范廷六（前排左二）等合影

六、杨荫浏与音乐研究所

杨荫浏不仅是音乐研究所的学术带头人，更是音乐研究所这个大家庭的家长。于音乐研究所而言，杨荫浏凝聚了整个学术集体，成为全所学术精神与情感的寄托。杨荫浏健在的日子，他带领音乐研究所学术集体为中国音乐史和中国传统音乐研究积累了汗牛充栋的学术资料，贡献了硕果累累的学术成果。杨荫浏离开的日子，他的学术精神以及他所建立的学术传统一直传承并指引着音乐研究所的学术方向。

中国艺术研究院

音乐研究所

20 世纪 80 年代，杨荫浏为音乐研究所题写所名（左）

1954 年 3 月 27 日，中央音乐学院民族音乐研究所成立典礼合影（右）

（一排左起：周昌璧、王苓君、曹安和、管平湖、杨荫浏、李元庆、张鲁、高步云、文彦 、董刚、董正；二排左起：韩宗和、杨晓莲、王迪、蒋咏荷、王琛、苏琴、张淑珍、郭瑛、孔德墉、梁福荣、李万鹏；三排左起：王秋苹、张立群、张悦、李士敏、许健、赵宽仁、晓星、李佺民、孟宪福、李明辉、金湘、简其华；四排左起：杜桂馨、郭雨荣、朱魁岭、王澍、陆登云、李一鸣、王震亚、安杰、王世襄、韩宗和、李景顺、杨永秀、索保华）

中央音樂學院民族音樂研究所成立典礼

1964 年 10 月，中国音乐研究所全体人员合影

（一排左起：张振华、文彦、董正、李佺民、范慧勤、何芸、杨荫浏、李元庆、曹安和、李纯一、关立人、陈孝人；二排左起：杜桂馨、张银堂、杨永秀、周昌璧、杨秀珍、陈尚文、张家仙、杨友鸿、孔德墉、黄爱民、孙幼兰、韩敏、冯增修、康守成；三排左起：吴钊、谢丽华、齐毓怡、毛继增、陈自明、徐伯阳、李明辉、刘东升、袁荃猷、王苓君；四排左起：张淑珍、张立群、陆登云、宋文杰、胡显纯、赵玉金、伊鸿书、吴毓清、许健、王秋苹；五排左起：李文如、金玉良、安杰、索保华、黄翔鹏、李万鹏、孟宪福、简其华）

1954 年至 1967 年，音乐研究所旧址，北京市德胜门外学院路十间房

1967 年至 2002 年，音乐研究所旧址，北京市左家庄新源里

1982 年 6 月，为杨荫浏（左二）录制影像资料

附 录

杨荫浏先生诞辰120周年纪念展

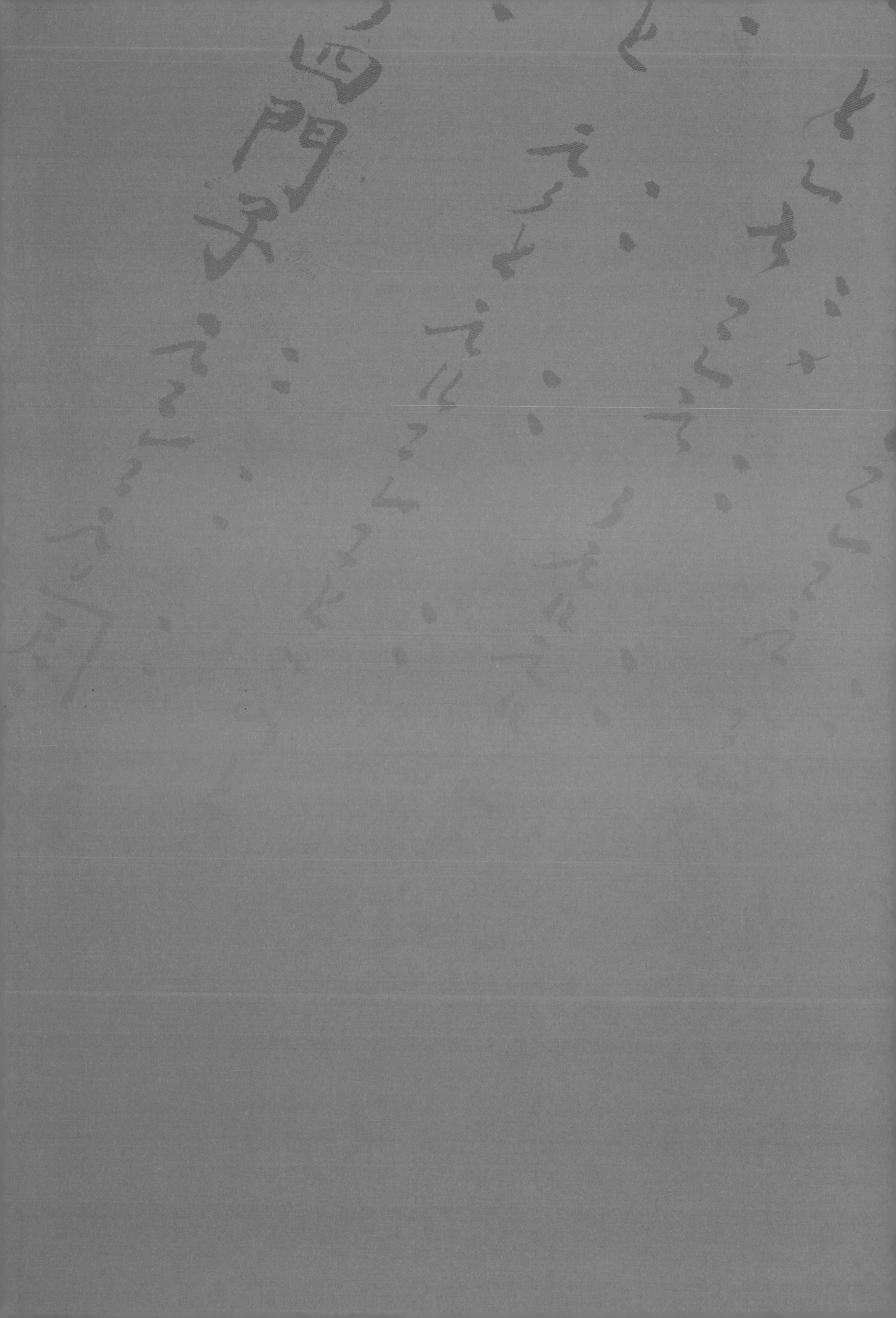

一、展览概况

2019年11月10日，“杨荫浏先生诞辰120周年纪念展”在中国艺术研究院研究生院一层展厅开幕。展览分为两大展区：一是杨荫浏先生个人展陈部分，二是学术集体展陈部分。此次纪念展的展品主要基于中国艺术研究院艺术与文献馆的杨荫浏先生专藏，类型涉及历史图片、乐器、手稿、学术成果（著作）以及遗物等。展览主题源自杨荫浏先生扎根于音乐实践的治学特点，展陈框架和内容拟定、展品遴选等都紧紧围绕这一主题进行。

杨荫浏先生展区主要展示杨先生个人的学术成就。第一部分是杨荫浏先生的学术人生，内容最多，所用展墙占此展区的三分之二。这部分内容以年表为基础，在时间横轴的每个关乎展陈主题的重要节点上，将历史图像与文字阐释相结合，叙述、勾勒出杨荫浏先生精彩的一生。第二部分是对杨先生学术成就和学术理念的展示。学术成就部分采用射线图的方式予以呈现。此图的设计充分体现杨先生宽厚的学术积累。“宽”，指学术领域之广阔，射线图以《杨荫浏全集》为中心，散发而出的11条射线，分别指向中国音乐学的某个学术领域，其中，绝大多数都是由杨先生开辟和奠定学科基础理论的音乐学分支学科或研究方向。“厚”，指学术积累之精深，图中射线所及之每个学术领域下，都列有杨先生的相关重要学术成果。同时，展区内还专设一面展墙集中展示了杨荫浏先生绘制的百余幅乐器线图，无论在视觉感观，还是精神感受上，都令人感佩，为之震撼。这些手绘乐器线图也最大限度彰显出其“重实践”的学术理念和不苟的学术精神。

学术集体展区围绕“重实践”的展陈主题，分为“中国传统音乐考察”“民族乐器改革”“学术交流与文化交流”“研究生教育”“早期学术成果”和“资料建设”六部分内容逐一铺开，通过大量珍贵的历史图片和学术成果为观众拼接出一幅生动鲜活的杨荫浏时代音乐研究所学术集体群体像。

自20世纪50年代，杨荫浏先生和他的学术集体开启的一系列传统音乐考察，是中国民族音乐学学术史上一件不得不书、具有划时代意义的学术事件。此后的30余年间，在杨荫浏先生的引领下，他们陆续对全国各地成百上千个城镇、村落的传统音乐进行深层描述记录与考察研究，积累了大量宝贵的传统音乐资料。此展区专设一面巨幅中国地图，以地图标签方式直观呈现一幅中国艺术研究院音乐研究所传统音乐考察足迹全景鸟瞰图。辽阔的中国版图上散布着疏密不一的红点，每一个红点代表着考察所到之处，数量之多，分布之广，一目了然。

学术集体展区内还布置有一处极为特殊的角落。两面展墙上的巨型幅面，还原出音乐研究所十间房时期和新源里时期的建筑影像，其中一幅画面上还悬挂着保存至今、杨荫浏先生所题“中国艺术研究院音乐研究所”字样的木质匾牌，区域中放置着一张杨荫浏先生生前用过的书桌，书桌上是当年音乐研究所印制使用的红头文稿纸，另一边摆放着我院青年雕塑家李继飞创作的杨荫浏吹箫坐姿全身塑像。这个角落成为展览期间备受观众喜爱的留影地之一，观众置身其中，或回忆、或重温、或想象那个令人神往的学术年代。

二、展厅实景

主题展墙

展览主题形象区

中国艺术研究院
序

杨荫浏先生展区（一）

杨荫浏先生展区（二）

杨荫浏先生展区（三）

杨荫浏先生展区（四）

杨荫浏先生展区（五）

学术集体展区（一）

学术集体展区（二）

学术集体展区（三）

学术集体展区（四）

学术集体展区（五）

学术集体展区（六）

杨荫浏像　作者：李继飞

后记

杨荫浏（1899.11.10—1984.2.25）先生是著名的音乐史学家、民族音乐理论家，中国艺术研究院音乐研究所创始人之一，在中国音乐史、乐律学以及传统戏曲、曲艺、器乐和宗教音乐等方面成就斐然。他一生的业绩几乎涵盖了中国音乐学各个领域，所涉之处均竖起座座丰碑，是20世纪中国最具国际影响力的音乐学家之一，被公认为学贯中西的一代宗师。

2019年，适逢杨荫浏先生诞辰120周年。11月10—15日，中国艺术研究院音乐研究所、中国艺术研究院艺术与文献馆、文化艺术出版社联合中国音乐学院，共同举办了"杨荫浏先生诞辰120周年系列活动"。活动共分三大部分：一是"杨荫浏先生诞辰120周年学术研讨会暨《天韵社曲谱》首发式"，二是"杨荫浏先生诞辰120周年纪念音乐会"，三是"杨荫浏先生诞辰120周年纪念展"，力求全方位、多角度展现以杨荫浏先生为代表的音乐研究所老一辈学者的成就、风采和人格魅力，展现前辈学术传统对于当下及未来中国音乐学术的深远影响，寄托对前辈先贤的敬仰怀念之情。

这本《山高水长——纪念杨荫浏先生诞辰120周年图录》是目前所知收录杨荫浏先生图像资料最全的一部，其中首次出版了杨先生个人相册中的珍贵照片、部分珍贵手稿以及相关重要图片。作为杨荫浏先生诞辰120周年纪念展的后续项目，这本纪念图录以丰富的资源、多维的角度，向学术界和社会大众展现出一个更鲜活的杨荫浏。

此次《山高水长——纪念杨荫浏先生诞辰120周年图录》得以顺利出版，首先要感谢中国艺术研究院韩子勇院长的提议和相关领导的大力支持，更要感谢与会专家学者和学界同仁的鼎力配合。中国艺术研究院科研处、财务处等部门在项目申报立项实施过程中积极协调，文化艺术出版社所有参与者辛苦付出。对为本图录出版给予指导、帮助的相关人士，在此一并致谢！

时间、水平所限，文稿疏漏失当处，敬请指正。

编者　谨识

2020年6月